Janette F. Walde

Design Künstlicher Neuronaler Netze

WIRTSCHAFTSWISSENSCHAFT

Janette F. Walde

Design Künstlicher Neuronaler Netze

Ein Leitfaden zur effizienten Handhabung mehrschichtiger Perzeptrone

Mit einem Geleitwort von Prof. Dr. Hans Werner Holub

Deutscher Universitäts-Verlag

Bibliografische Information Der Deutschen Bibliothek
Die Deutsche Bibliothek verzeichnet diese Publikation in der Deutschen Nationalbibliografie; detaillierte bibliografische Daten sind im Internet über <http://dnb.ddb.de> abrufbar.

Dissertation Universität Innsbruck, 2000

1. Auflage März 2005

Lektorat: Ute Wrasmann / Britta Göhrisch-Radmacher

Der Deutsche Universitäts-Verlag ist ein Unternehmen von Springer Science+Business Media.
www.duv.de

Umschlaggestaltung: Regine Zimmer, Dipl.-Designerin, Frankfurt/Main

Gedruckt auf säurefreiem und chlorfrei gebleichtem Papier

ISBN-13:978-3-8244-0842-9 e-ISBN-13:978-3-322-81211-7
DOI: 10.1007/978-3-322-81211-7

Geleitwort

Künstliche Neuronale Netze (KNN) sind, wie so viele Methoden in der Ökonomik, eine Anleihe bei den Naturwissenschaften. Meiner Meinung nach handelt es sich dieses Mal aber um den „Import" einer außerordentlich interessanten Methode für die Ökonomen, vor allem für die Mustererkennung im weiteren Sinne. Dabei sind allerdings einige wichtige Anwendungsfragen noch ungeklärt, und wie bei allen neuen Instrumenten wird zuweilen auch Missbrauch damit getrieben.

Die Arbeit von Janette Walde setzt genau an diesen beiden Punkten an. Sie besteht inhaltlich aus zwei ineinander übergehenden Teilen:

- einmal einer übersichtlichen und kompetenten Darstellung bereits existierender Erkenntnisse zu Künstlichen Neuronalen Netzen,
- zum anderen der Entwicklung eigener weiterführender Forschungsergebnisse.

Beim ersten Punkt fällt vor allem die immense (man ist bei aller Vorsicht sogar geneigt zu sagen umfassende) Literaturkenntnis der Verfasserin auf. Dabei sind ersichtlich auch die Erkenntnisse mehrerer einschlägiger internationaler Konferenzen eingegangen.

Die wichtigen weiterführenden Forschungsergebnisse sind unter anderem:

- Überlegungen zur Mindestgröße der benötigten Stichproben,
- Überlegungen und Darstellung der Sättigungsmengen (mit besonderer Berücksichtigung ökonomischer Gegebenheiten),
- ausgiebige Vergleiche mit konventionellen linearen statistischen Verfahren (Diskriminanzanalyse, Regressionsanalyse etc.),
- Gegenüberstellung von Software - Paketen (SENN, Neural Connection, Neuframe) hinsichtlich Effizienz, Geschwindigkeit und Flexibilität,
- eine Analyse der Bedeutung gewählter Fehlerfunktionen,
- der Vergleich zweier Netzwerkarchitekturen für Klassifikationsfragen,
- der Nachweis von Instabilitäten der Performancekennzahlen, vor allem bei kleinen Stichprobengrößen,

- die Konsequenzen der Stichprobengröße auf die Erreichbarkeit und Qualität der Ergebnisse und
- eine Diskussion der Problematik „verborgener“ (hidden) Neuronen.

Zusammenfassend kann man ohne Übertreibung feststellen, dass die vorliegende Arbeit mit Hilfe von analytischen und statistischen Methoden (anhand von realen und künstlichen Datensätzen) einige wichtige, bislang ungeklärte Fragen bezüglich KNN aufklärt und löst. Das wichtigste Ergebnis für Ökonomen ist sicherlich, dass (wie leider oft bei ökonomischen Anwendungen vorherrschend) kleine Datensätze nicht hinreichend sind, um die Vorzüge der nichtlinearen und nichtparametrischen KNN nutzen zu können. Oft sind hier sogar, wie die Verfasserin gezeigt hat, konventionelle statistische Verfahren überlegen.

Die Arbeit ist sehr gut lesbar und sie sollte zur Pflichtlektüre aller, an diesem neuen Instrument interessierten, Ökonomen gehören.

O. Univ.-Prof. Dr. Hans Werner Holub

Vorwort

> „Annas Gesetz hieß: zuerst alles von innen nach außen, dann kopfüber-kopfunter, dann von hinten nach vorn, von rechts nach links. Und zum Schluss besah man sich das Ergebnis, und siehe da, es war ... "
>
> Fynn, *Hallo Mister Gott, hier spricht Anna*

Diese Arbeit beschäftigt sich mit den Stärken und Schwächen von Künstlichen Neuronalen Netzen (KNN), insbesondere von den in der Praxis am häufigsten eingesetzten mehrschichtigen Perzeptronen, und versucht, die Fixierung der zahlreichen Freiheitsgrade (Anzahl der verborgenen Neuronen, Auswahl der Fehlerfunktion usw.) bei der Ausgestaltung der KNN von einer künstlerischen auf eine handwerkliche Basis zu stellen. Für dieses Unterfangen wird neben künstlich generierten Datensätzen auch ein realer Datensatz mit vollständigen Informationen zu mehr als 185.000 Beobachtungseinheiten verwendet. Dieser enorme Umfang sowie die Problemstellung der Klassifikation sind in idealer Weise dazu geeignet, die Chancen und Grenzen dieses Instrumentariums auszuloten. Neben dem Performancevergleich mit klassischen Verfahren werden mit Hilfe von Sensitivitätsanalysen die wichtigen Inputvariablen identifiziert und die aufgezeigten nichtlinearen Zusammenhänge auf ihre substanzwissenschaftliche Fundierung überprüft. Es werden Sättigungskurven erhoben und Sensitivitäten der Performancekennzahlen bezüglich Stichprobenauswahl im Vergleich zu klassischen Verfahren gemessen. Verschiedenste Einstellungen der Freiheitsgrade werden auf ihre Effizienz geprüft. Der eigentliche Vorzug der KNN - die bescheidene Vorabspezifizierung des funktionalen Zusammenhanges - geht, wie alle Ergebnisse dieser Arbeit zeigen, auf Kosten eines enormen Datenhungers, der in den meisten praktischen Anwendungen in der Ökonomie nicht gestillt werden kann.

Die vorliegende Arbeit wurde im Juli 2000 von der sozial- und wirtschaftswissenschaftlichen Fakultät der Leopold-Franzens-Universität Innsbruck als Dissertation angenommen. Sie entstand während meiner Tätigkeit als Universitätsassistentin am Institut für Statistik. Meinem wissenschaftlichen Lehrer, Herrn O. Univ.-Prof. Dr. Hans Werner Holub, danke ich für die Bereitstellung des Themas, seine Betreuung sowie sein reges Interesse am Fortgang der Arbeit. Herrn O. Univ.-Prof. Dr. Friedrich Roithmayr gebührt der Dank für die Übernahme des Zweitgutachtens. Für die zahlreichen Diskussionen und Anregungen sowie für die kritische Auseinandersetzung mit den Inhalten dieser Arbeit möchte ich ganz herzlich Herrn A. Univ.-Prof. Dr. Gottfried Tappeiner danken.

An dieser Stelle möchte ich mich auch bei Frau A. Univ.-Prof. Dr. Ulrike Tappeiner und Herrn Dr. Erich Tasser vom Institut für Botanik, Leopold-Franzens-Universität Innsbruck, bedanken für die Zurverfügungstellung des Datensatzes und für ihre intensive Zusammenarbeit. Für die Bereitstellung der Software *SENN*, mit der das Gros des Analyseteils berechnet wurde, möchte ich der Firma Siemens München, insbesondere Herrn Dr. Hans-Georg Zimmermann und Herrn Dr. Christoph Tietz, besonders danken.

Ein Dissertationsprojekt steht und fällt natürlich nicht nur mit dem wissenschaftlichen Umfeld, sondern mit den Menschen, die mich auf diesem Weg begleitet, unterstützt und immer wieder motiviert haben. Darum geht mein innigster Dank an meine Mutter (deren Glaube an mich eine wichtige Konstante in meinem Leben ist) und an meinen Ehemann Stefan (ohne den alles nichts wäre).

Janette F. Walde

Inhaltsverzeichnis

Abbildungsverzeichnis

Tabellenverzeichnis

Symbolverzeichnis

Für die gesamte Arbeit gilt, dass fett gedruckte Kleinbuchstaben Vektoren und fett gedruckte Großbuchstaben Matrizen kennzeichnen.

$\boldsymbol{w}$	Parameter/Gewichtsvektor
$\boldsymbol{x}$	Inputvektor/Eingangssignale
y	Abhängige Variable
$\hat{y}$	Geschätzter Wert für die abhängige Variable
$f(\boldsymbol{x}, \hat{\boldsymbol{w}})$	Netzoutput
θ	Schwellenwert
I	Anzahl der Inputneuronen
H	Anzahl der verbogenen Neuronen
O	Anzahl der Outputneuronen
ε	Stochastischer Fehlerterm, Rauschen
P	Anzahl der Netzwerkparameter
$\Re$	Menge der reellen Zahlen
T	Menge der Trainingsdaten
$\lvert T \rvert$	Zahl der für das Training zur Verfügung stehenden Trainingsdaten
V	Validierungsmenge
G	Generalisierungsmenge
$E(\boldsymbol{w})$	Fehlerfunktion in Abhängigkeit der Parameter $\boldsymbol{w}$
$\boldsymbol{a}^T$	Transponierter Vektor $\boldsymbol{a}$
$\lvert a \rvert$	Absolutbetrag des Skalars a
$[a]$	Größtes Ganzes des Skalars a
$\varnothing$	Durchschnitt
p	Prozentsatz
r	Korrelationskoeffizient
r^2	Bestimmtheitsmaß/Determinationskoeffizient
n	Stichprobengröße
$\bar{x}$	Stichprobenmittelwert
$\hat{\sigma}_{\bar{x}}$	Geschätzter Standardfehler der Mittelwerteverteilung
$\wedge$	Logisches UND
$\vee$	Logisches ODER

$\cong$	Ungefähr
$\forall$	Für alle
$\neg x_1$	Komplementär zu x_1
$\equiv$	Definitionsgleichheit
$\subset$	Echte Teilmenge
$O(h^p)$	Konvergenz der Ordnung p
z	Ausprägung einer Standard-Normalverteilten Zufallsvariable Z
t	Ausprägung einer Student t-verteilte Zufallsvariable
$ln(x)$	Natürlicher Logarithmus
$log(x)$	Logarithmus zur Basis 10
$tanh(x)$	Tangens Hyperbolicus Funktion
$cosh(x)$	Kosinus Hyperbolicus Funktion
μ	Erwartungswert
σ	Standardabweichung
$f'(x)$	1. Ableitung der Funktion $f(x)$ nach x
$\frac{\partial f}{\partial w_1}$	Partielle Ableitung der Funktion f nach w_1
$\left.\frac{\partial f}{\partial w_1}\right\|_w$	Partielle Ableitung der Funktion f nach w_1 berechnet an der Stelle $\mathbf{w}$
∇E	Gradient der Fehlerfunktion E, Spaltenvektor der partiellen Ableitungen
$\min_x f(x)$	Minimieren der Funktion $f(x)$ nach x
η	Schrittweite bei den Lernalgorithmen
α	Momentum-Term
$\mathbf{d}$	Suchrichtung bei Lernalgorithmen
$E(\hat{\theta})$	Erwartungswert des Schätzers $\hat{\theta}$ für den Parameter θ
$Var(\hat{\theta})$	Varianz des Schätzers $\hat{\theta}$
$P(z\|x)$	Bedingte Wahrscheinlichkeit

Abkürzungsverzeichnis

AIC	Akaike Informationskriterium
AND	Boolsche *AND*-Funktion
ARIMA	Autoregressive, integrierte, moving average Modelle
BFGS	Quasi-Newton-Methode nach Broyden, Fletcher, Goldfarb und Shanno
BP	Backpropagation Algorithmus
CPU	Central processing unit
DA	Diskriminanzanalyse
GIS	Geographisches Informationssystem
HF	Heaviside-Funktion
KMC	*K*-Means-Clustering Algorithmus
KNN	Künstliche Neuronale Netze
L	Likelihoodfunktion
MLP	Mehrschichtiges Perzeptron
MSE	Mean Squared Error, mittlerer quadratischer Fehler
NC	Neural Connection
NIC	Netzwerk Informationskriterium
NF	Neuframe
PSC	Predictive Stochastic Complexity Kriterium
RBF	Radiale Basisfunktionen
RMSE	Wurzel aus dem *MSE*
SIC	Schwarz-Informationskriterium
XOR	Boolsche *XOR*-Funktion

1 Einleitung

Künstliche Neuronale Netze (*KNN*) sind methodisch eine der zentralen technischen Innovationen seit Mitte der 80er Jahre, die viele Wissenschaftsbereiche tangieren und mit großen Erwartungen hinsichtlich Prognosefähigkeiten und Erkenntnisgewinn verbunden sind. Diese nichtlineare Modellklasse eröffnete ein breites Forschungsfeld, auf dem heute sowohl Mathematiker als auch Biologen, Informatiker, Physiker, Wirtschafts- und Sozialwissenschaftler arbeiten. Bei allen großen Tagungen über Neuronale Netze[1] sind diese und noch weitere Fachrichtungen vertreten. Es wurde somit ein hoher Grad an Interdisziplinarität erreicht, der sich in Analysen der theoretischen Eigenschaften und praktischen Einsatzmöglichkeiten Künstlicher Neuronaler Netze ausdrückt.

Die Wurzeln der Künstlichen Neuronalen Netze gehen relativ weit zurück. Das erste künstliche Neuron findet man bei McCulloch und Pitts 1943. Ihre Intention war die Funktionsweise einer Nervenzelle im Gehirn nachzubilden. Eine Nervenzelle erhält verschiedene Reize aus ihrer Umgebung, und wenn die Summe dieser Reize die Reizschwelle der Nervenzelle überschreitet, dann gibt sie selbst wieder ein Signal weiter. Diesen vereinfacht dargestellten Ablauf realisierten McCulloch und Pitts modelltechnisch mit Hilfe eines Berechnungselements (vgl. Abbildung 1-1), dessen Input das innere Produkt aus einem Spaltenvektor von binären Eingangssignalen $\boldsymbol{x}$ und einem Parametervektor $\boldsymbol{w}$ ist und das als Ergebnis $HF\left(\boldsymbol{w}^T \cdot \boldsymbol{x} - \theta\right)$ liefert, wobei *HF* die Heaviside-Funktion

$$y = HF\left(\boldsymbol{w}^T \cdot \boldsymbol{x} - \theta\right) = \begin{cases} 1 & \boldsymbol{w}^T \cdot \boldsymbol{x} - \theta \geq 0 \\ 0 & \text{sonst} \end{cases}$$

und θ ein konstanter Schwellenwert ist. Der Parametervektor $\boldsymbol{w}$ wird auch Gewichtsvektor genannt und dient dazu die ankommenden Signale unterschiedlich je nach ihrer Wichtigkeit zu bewerten. Überschreitet die gewichtete Summe der Eingangsreize den Schwellenwert θ, so leitet das Neuron den Reiz weiter, ansonsten nicht. Dieses Verhalten wird implementiert durch die so genannte Aktivierungsfunktion, im vorliegenden Beispiel durch die Heaviside-Funktion.

---

[1] Auf dem internationalen Symposium für Neural Computation NC '98 in Wien waren folgende Fachrichtungen vertreten: Informatiker (28%), Elektrotechniker (24%), Wirtschaftswissenschaftler (18%), Mediziner/Biologen (9%) und Mathematiker/Physiker (21%).

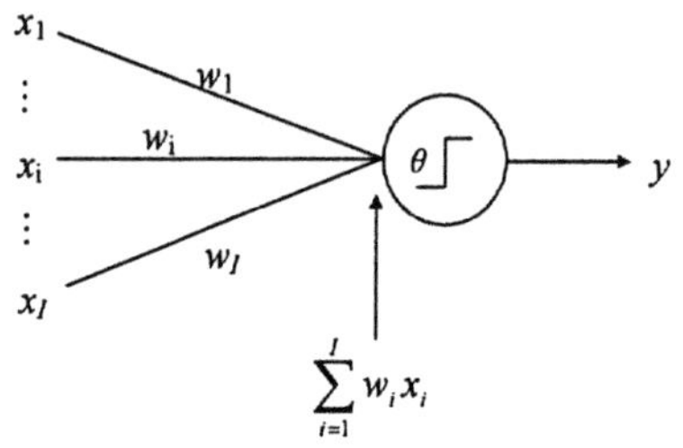

Abbildung 1-1: Graphische Darstellung eines künstlichen Neurons mit I Eingangssignalen, dem Schwellenwert θ, den Parametern w_i $(i = 1,\ldots,I)$ und der Ausgabe y.

Mit Hilfe solcher Neuronen und geeigneter Wahl von w und θ können Boolesche Funktionen wiedergeben werden, so zum Beispiel die *AND* Funktion:

	Werte			
x_1	0	0	1	1
x_2	0	1	0	1
AND(x_1, x_2) $\equiv x_1 \wedge x_2$	0	0	0	1

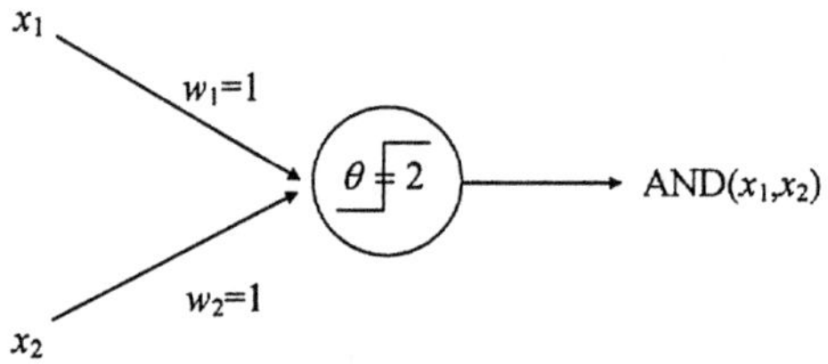

Abbildung 1-2: Mögliche Darstellung der AND-Funktion mittels eines Neurons.

In Abbildung 1-2 wurden die geeigneten Gewichte und der entsprechende Schwellenwert vorgegeben. Die an das Künstliche Neuron gestellten Ansprüche sind jedoch höher. Es soll mit Hilfe eines Lernalgorithmus die zu einer gestellten Aufgabe passenden Parameter automatisch finden. Allerdings waren die Autoren noch nicht in der Lage, derartige Algorithmen für das Auffinden der Parameter anzugeben.

Ein erster Lernalgorithmus wurde von Rosenblatt 1956 entwickelt. Er prägte den Begriff Perzeptron für sein Modell eines Neurons. Sein Perzeptron diente zur binären Klassifikation (ähnlich wie Fischer's Diskriminanzfunktion), bei dem die Parameter aus einem Satz von Trainingsmustern mit Hilfe des so genannten Perzeptron-Algorithmus errechnet wurden. Mit einem einzelnen Perzeptron können allerdings nur jene Probleme gelöst werden, bei denen die Diskriminanzfunktion eine Hyperebene ist (linear trennbare Probleme, vgl. Abbildung 1-3). So kann zum Beispiel die *XOR*-Funktion[2] nicht implementiert werden, da die Lage der diese Funktion repräsentierenden Punkte bezüglich zweier unterschiedlicher Geraden betrachtet werden muss. Diese Beschränkung wurde von Minsky und Papert 1969 aufgezeigt und brachte die Forschung im Bereich der Neuronalen Netze für einige Jahre zum Erliegen.

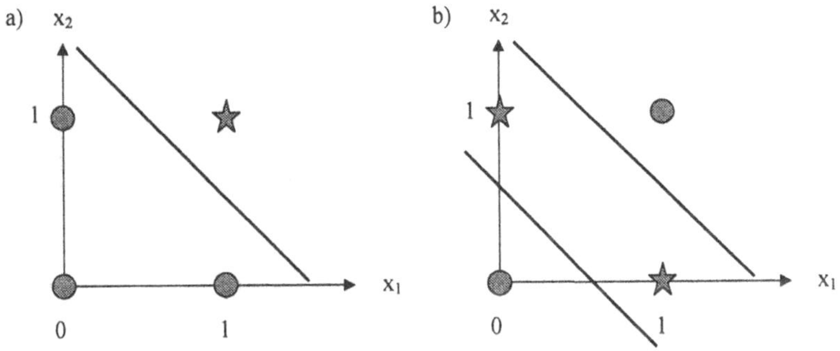

Abbildung 1-3: a) linear separables Problem (*AND*-Funktion) und b) nicht linear separables Problem (*XOR*-Funktion).

Der endgültige Durchbruch gelang Rumelhart, Hinton und Williams 1986 mit Hilfe von zwei Innovationen und aufgrund der Tatsache, dass die Leistungsfähigkeit der Rechner immer mehr in eine Größenordnung kam, die CPU-intensive Rechenprozesse in einem vernünftigen zeitlichen Rahmen zuließ (1986a, 1986b). Die Autoren verwendeten erstens mehrschichtige Perzeptrone mit sigmoiden (monoton nicht fallenden, stetig differenzierbaren) Aktivierungsfunktionen anstelle der Heaviside-Funktion. Die Berechnungselemente wurden zu hierarchisch angeordneten Schichten zusammengefasst, die untereinander vernetzt waren. Der In-

---

[2] $XOR(x_1, x_2) \equiv (x_1 \wedge \neg x_2) \vee (\neg x_1 \wedge x_2)$.

formationsfluss lief von der Inputschicht über verschiedene Zwischenschichten, die auch verborgene Schichten genannt werden, zur Outputschicht (Abbildung 1-4).

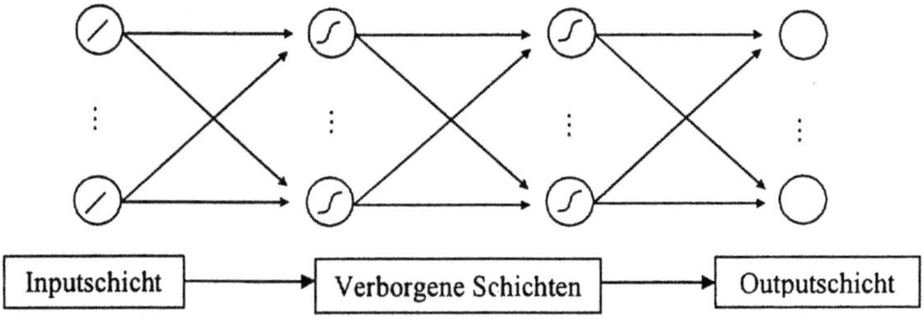

Abbildung 1-4: Mehrschichtiges Neuronales Netz.

Als sigmoide Aktivierungsfunktion wurde von ihnen die logistische Funktion[3] verwendet. Weiters führten sie das Backpropagation Lernverfahren[4] (wieder) ein (ursprünglich entdeckt von Bryson und Ho 1969 sowie von Werbos 1974). Damit waren sie in der Lage die Parameter mit Hilfe von Datensätzen, bestehend aus Inputwerten mit den dazugehörigen Outputwerten, zu bestimmen.

Mit Hilfe einer solchen Netzwerkstruktur und des Lernalgorithmus konnte die *XOR*-Funktion abgebildet werden (vgl. Abbildung 1-5).

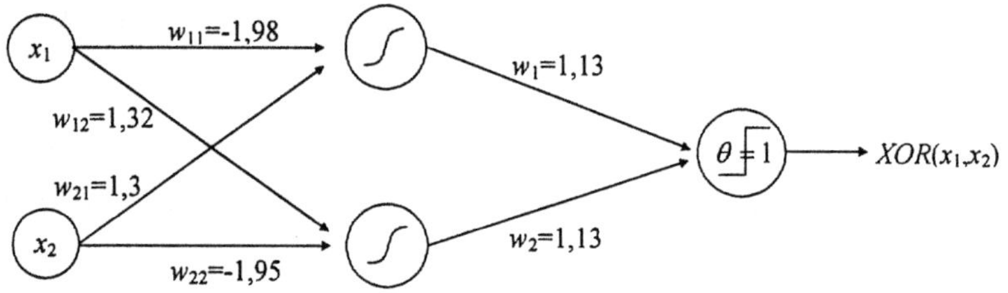

Abbildung 1-5: Mögliche Darstellung der XOR-Funktion mit Hilfe eines Netzwerkes.

Dass diese **mehrschichtigen Netzwerke** nicht nur die *XOR*-Funktion **approximieren** können, sondern **jede beliebige nichtlineare Funktion** bewiesen Hornik, Stinchombe und White

[3] siehe Kapitel 2.2.
[4] siehe Kapitel 2.4.

1989. Sie zeigten, dass „... standard multilayer feedforward network architectures using arbitrary squashing functions can approximate virtually any function of interest to any desired degree of accuracy, provided sufficiently many hidden units are available. These results establish multilayer feedforward networks as a class of universal approximators." (Hornik et al., 1989, Seite 360). Analoge Beweise gelangen auch Cybenko (1989) und Funahashi (1989). Hornik konnte zeigen, dass für diese universellen Approximationseigenschaften bereits ein Netzwerk bestehend aus einer Inputschicht, einer verborgenen Schicht und einer Outputschicht unter der Voraussetzung, dass die Aktivierungsfunktionen Riemann integrabel und keine Polynomfunktionen sind, ausreicht (Hornik, 1993).

Die Eignung der Gradienten-Lernverfahren zur Bestimmung der Gewichte in einem solchen Netzwerk sowie die Konvergenzeigenschaften konnten theoretisch nachgewiesen werden (White et al., 1992). Aufgrund des theoretisch bewiesenen Potentials der *KNN* und des Nachweises eines prinzipiell geeigneten Lernverfahrens werden in der Literatur eine Reihe von Vorteilen der *KNN* gegenüber klassischen statistischen Verfahren wie zum Beispiel der Regressionsanalyse oder der Diskriminanzanalyse genannt (Rehkugler und Kerling, 1995; Hill et al., 1996; Rehkugler, 1996; Schwanenberg und Helm, 1999):

- Gegenüber den herkömmlichen multivariaten statistischen Verfahren besitzen *KNN* den Vorteil, Nichtlinearitäten im verfügbaren Datenmaterial nutzen zu können.
- Sie eignen sich für schlecht strukturierte Problemstellungen, für die keine einschlägigen Theorien verfügbar sind, da keine Modellstruktur vorgegeben werden muss.
- Für ihre korrekte Anwendung müssen im Vergleich zu vielen statistischen Verfahren (Normalverteilung, Skalenniveau) weniger strenge Anwendungsvoraussetzungen erfüllt sein.
- *KNN* sind fehlertolerant und können mit fehlenden Werten im Datenmaterial umgehen.

Unter der Modellklasse Künstliche Neuronale Netze verbirgt sich ein ganzes Paket an nichtlinearen Analyseinstrumenten. Ähnlich wie die Regressionsanalyse oder die Diskriminanzanalyse eignen sich die Modelle zum Erkennen von nichtlinearen funktionalen Zusammenhängen zwischen unabhängigen und abhängigen Variablen. *KNN* können aber auch eingesetzt werden zum Erfassen von Strukturen innerhalb von Inputdaten analog wie die statistischen Verfahren Clusteranalyse oder Multidimensionale Skalierung. Selbst die klassische Faktorenanalyse kann mit Hilfe der *KNN* um eine nichtlineare Komponente erweitert werden (Oja, 1995; Bishop, 1996). *KNN* scheinen laut den theoretischen Beweisen ein mächtiges Instrumentarium, einsetzbar für die vielfältigsten Fragestellungen, zu sein. Daher setzen Anwender auch große Hoffnungen in diese Modellklasse: „Jahrzehnte in einer linearen Theorie- und Modellwelt gefangen, bieten Künstliche Neuronale Netze nunmehr die Möglichkeit, aus diesen engen Grenzen auszubrechen.“ (Rehkugler und Kerling, 1995, Seite 306). Wie gut sich die theoretischen Fähigkeiten auf praktische Probleme umlegen lassen, muss mit Hilfe von zwei Kriterien beurteilt werden: erstens anhand der erzielbaren Ergebnisse gemessen an Benchmark-Verfahren und zweitens sollte die Praktikabilität im Umgang mit den *KNN* beurteilt werden.

Man findet bereits zahlreiche Anwendungen in den unterschiedlichsten Gebieten, obwohl eine umfangreiche Validierung dieser Methode noch nicht durchgeführt wurde. In der Ökonomie wird diese Modellklasse vor allem eingesetzt zur Klassifikation, zur Prognose oder zur Optimierung und Steuerung industrieller Fertigungsprozesse. Fragestellungen im Bereich von Klassifikationsproblemen aus der aktuellen Literatur sind zum Beispiel die Zuordnung von Wertpapieren zu Risiko- und Renditegruppen (Verkooijen, 1996), die Klassifikation von territorialen Einheiten zu Funktionsräumen (Blunden et al., 1998), die Einteilung von Unternehmen in mehr oder weniger Konkurs gefährdete Gruppen (Olmeda und Fernandez, 1997; Luther, 1998), die Beurteilung von Kreditwürdigkeit (Jagielska und Jaworski, 1996) oder die Klassifikation von Kunden zum Zwecke der Marktsegmentierung (West et al., 1997). Optimierung der Handelsstrategien und des Profits auf dem Wertpapiermarkt (Gencay, 1998), Bestimmung zukünftiger Aktienmarktindizes (Kim und Chun, 1998), Vorhersage der Entscheidungen von Investoren in Abhängigkeit der Bilanzkennzahlen von Unternehmen (Eakins et al., 1998) oder die Einschätzung der entstehenden Kosten für neu zu entwickelnde Produkte (Bode, 1998) sind aktuelle Beispiele für praktische Anwendungen zur Prognose von Kennzahlen.

Der Erfolg wird einerseits gemessen an der erreichbaren Prognosefähigkeit bzw. dem erzielbaren Klassifikationsergebnis, andererseits am Erkenntnisgewinn. In den meisten Publikationen schreiben die Anwender von den sehr guten Performancekennzahlen der *KNN*. Allerdings vermisst man oft den Vergleich mit klassischen (linearen) Verfahren, sodass eine wirkliche Einschätzung der erzielten Performancekennzahlen nicht möglich ist.

Bei der Anwendung Künstlicher Neuronaler Netze werden in der Regel keine expliziten Annahmen über die funktionale Form des zu modellierenden Zusammenhangs getroffen. Für einen Theoretiker sowie Praktiker hat diese Modelleigenschaft revolutionierende Konsequenzen. „The neural network technology is easier to apply because the model builder does not need to worry about the properties of the final specification." (Church und Curram, 1996, Seite 266). Die eigentliche Aufgabe des Anwenders besteht nicht mehr in der a priori substanzwissenschaftlichen Fundierung der zugrunde gelegten Zusammenhänge für die Modellierung, vielmehr „reduziert" sich seine Arbeit auf das sorgfältige Auswählen unabhängiger Variablen und die zu verwendende Topologie sowie die Datenbeschaffung. Allerdings gibt es bei der Festlegung der zu verwendenden Netzwerkarchitektur und den dazugehörigen Parametern sehr viel Freiheitsgrade. Für die Fixierung dieser Größen gibt es in der Literatur nur Gestaltungsvorschläge oder Empfehlungen, aber keine wissenschaftlich fundierten Regeln. Die Abhängigkeit der Performance der Künstlichen Neuronalen Netze von den Rahmenbedingungen wurde nur bedingt untersucht. Daher werden in den Arbeiten oft die vielen Freiheitsgrade bei der Ausgestaltung der konkreten Anwendung Neuronaler Netze kritisch angeführt (Swanson und White, 1997a). Dies geht soweit, dass man für diese Ausgestaltung auf die notwendige „Erfahrung" des Modelldesigners für eine effiziente Anwendung verweist, und damit die Modellierung in den Bereich der Kunst statt in den des Handwerks oder den der Wissenschaft gibt. „The search for an appropriate neural network model which fits problem characteristics is still an art." (Hongkyu und Han, 1996, Seite 417). „Das *MLP/BP*[5] Modell ist also einfach zu erklären und zu verstehen, aber de facto schwierig zu handhaben. Bei komplexeren Problemen ist eine durch Software unterstützte universelle Verwendung als „Black-Box", so wie vielerorts propagiert, unmöglich." (Horn, 1997, Seite 106). Aber ein Verfahren, das nur Spezialisten bedienen können, ist von einem eingeschränkten praktischen Nutzen. In vielen Anwendungen Neuronaler Netze fehlen klare Handlungsanweisungen und definierte Vorgehensweisen, sodass die Benutzer bislang gezwungen sind, sich eher heuristischer Vorgehensweisen zu bedienen. Dies führt dazu, dass die praktische Arbeit mit Neuronalen Netzwerken sehr stark durch Ausprobieren, durch „trial and error", geprägt ist.

Diese Arbeit möchte Stärken und Schwächen des praktischen Einsatzes dieser relativ jungen Modellklasse (insbesondere von mehrschichtigen Perzeptronen) aufzeigen, und versuchen die Fixierung der zahlreichen Freiheitsgrade bei der Ausgestaltung der *KNN* (auch unter Zuhilfenahme von Benchmark-Verfahren) von einer künstlerischen auf eine handwerkliche Basis zu stellen.

[5] Mehrschichtiges Perzeptron unter Verwendung des Backpropagation-Lernalgorithmus siehe Kapitel 2.

2 Das Mehrschichtige Perzeptron (*MLP*)

Allen unter dem Namen „Künstliche Neuronale Netze" subsummierten Netzwerken ist gemeinsam, dass sie sich aus einzelnen Berechnungselementen zusammensetzen, die nach einer bestimmten Vorschrift Eingaben zu Ausgaben[6] verarbeiten. Wie diese Berechnungselemente angeordnet sind und welche Verbindungen zwischen ihnen existieren, liefert eine erste Klassifikationsmöglichkeit nach der Topologie der Netze.

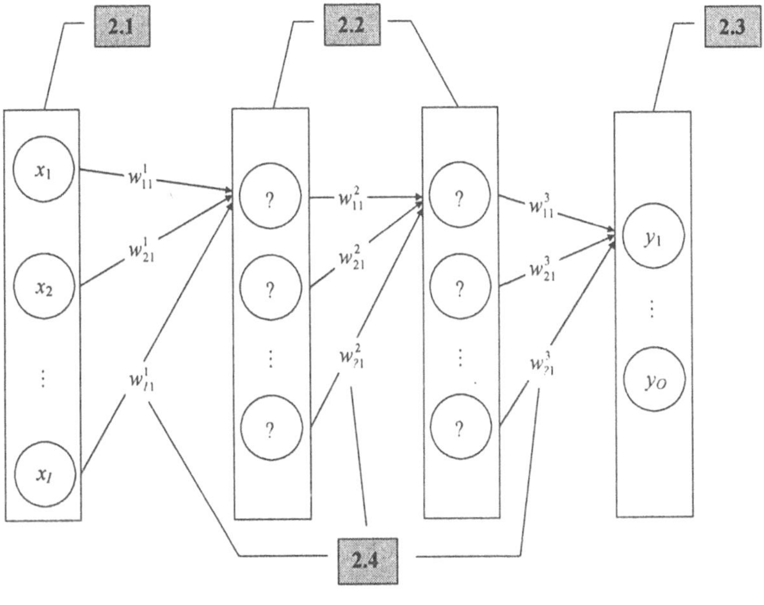

Abbildung 2-1: Vierschichtiges Perzeptron mit *I* Input- und *O* Outputneuronen. Die grauen Kästchen heben die Nummern der Kapitel hervor, in denen die jeweiligen Bestandteile erklärt werden.

Die am häufigsten in der Praxis verwendete Netzarchitektur ist das mehrschichtige Perzeptron (multi-layer perceptron, *MLP*), nicht nur aufgrund der theoretischen Beweise seiner universel-

[6] In der gesamten Arbeit wird bei einzelnen Berechnungselementen von „Eingabe" und „Ausgabe" gesprochen, zur Unterscheidung davon beim gesamten Netzwerk von „Input" und „Output".

len Approximationseigenschaften, sondern auch wegen seiner behaupteten grundsätzlichen Eignung für die verschiedensten Fragestellungen (Klassifikation, Prognose, Optimierung, Dimensionsreduktion). Seine Funktionsweise sowie die Arbeitsschritte, die beim praktischen Einsatz dieses Netztyps notwendig sind, sollen im Folgenden ausführlicher erläutert werden.

2.1 Dateninput

Die Datenauswahl und ihre Vorbereitungen stellen die Schnittstelle zwischen den Beobachtungen der wirklichen Welt und dem Modellbau dar. Da Neuronale Netze Zusammenhänge erlernen sollen, benötigen sie Datensätze, anhand derer sie versuchen Strukturen mittels Funktionen nachzubilden. Bei der Auswahl der unabhängigen Variablen muss darauf geachtet werden, dass die notwendige Information zur Beschreibung des Verhaltens der abhängigen Variable auch in diesen Variablen enthalten ist. Da das Netz eigenständig in der Lage sein sollte Variablen mit Information von jenen ohne Information zu trennen, könnte man theoretisch dem Netz sogar lieber zu viele als zu wenige Erklärende geben. Anders als in der Statistik, wo eine für den Zusammenhang unwichtige Variable einer Reduktion der Freiheitsgrade und damit einer Verringerung der Chance den Zusammenhang statistisch signifikant zu erfassen gleich kommt.

Ist die Anzahl der ausgewählten Inputvariablen fixiert, so ist auch die Zahl der Inputneuronen festgelegt, deren Aufgabe es ist, die Information der Inputvariablen in das Netzwerk einzuspeisen. Die Eingabe der Inputneuronen sind daher die Werte der unabhängigen (vor verarbeiteten) Variablen und als Aktivierungsfunktion dieser Neuronen wird die Identität gewählt, um die Information unverändert an das Netz bzw. die nächste Schicht zu übergeben.

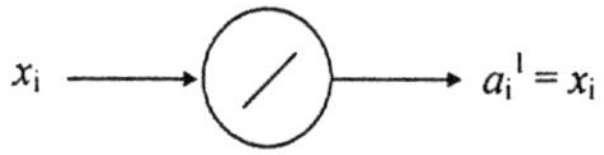

Abbildung 2-2: Vollständige graphische Darstellung des Inputneurons i mit linearer Aktivierungsfunktion, Eingabe x_i und Ausgabe a_i^1.

Von der theoretischen Seite gibt es keine zwingenden Vorschriften Inputvariablen vor zu verarbeiten, trotzdem gibt es gute Gründe, Transformationen an den Inputdaten vorzunehmen, entweder um den Trainingsablauf zu beschleunigen und/oder die Performance des Netzes zu verbessern. In der einfachsten Form bedeutet eine Vorverarbeitung der Daten eine (lineare) Transformation der Inputvariablen. Zu den komplexeren Methoden zählt eine Dimensionsreduktion des Inputdatenraums zum Beispiel mit Hilfe einer schrittweisen Diskriminanzanalyse oder einer Faktorenanalyse. Die Tatsache, dass eine Dimensionsreduktion zu einer Verbesserung der Güte des Netzes führen kann, ist auf den ersten Blick uneinsichtig, da eine Dimensionsreduzierung mit Sicherheit nicht zu einer Informationssteigerung führt. Die Lösung kann im so genannten „Fluch der Dimensionen" (Bell, 1961) liegen. Theoretisch wurde gezeigt, dass die Menge der notwendigen Daten zur Beschreibung einer Funktion exponentiell mit der Inputdimension anwächst.[7] Folglich verringert sich mit der Reduktion der Inputdimension die notwendige Datenmenge, und damit steigen die Aussichten auf eine erfolgreiche Generalisierungsfähigkeit trotz des (möglichen) Informationsverlustes in den Inputvariablen.

Ein anderer Weg wäre die Einbindung von Vorkenntnissen über die Struktur der Daten. Wenn die Trainingsdaten diese Vorkenntnisse beinhalten, könnte man auch die Strategie wählen, dass das Netz sie erlernen muss, aber andererseits sollte die Modellierung ja gerade auf jene Zusammenhänge abzielen, die dem Anwender nicht bekannt sind. Vorkenntnisse können entweder direkt in die Netzstruktur einfließen oder wiederum anhand einer Datentransformation ins Netz eingebracht werden. Zu den Vorkenntnissen über die Struktur der Daten gehört zum Beispiel das Wissen über das Skalenniveau der Variablen. Es ist zu überlegen, wie man zum Beispiel Nominaldaten kodiert. Vergibt man für die Ausprägungen einer nominal skalierten Variablen aufsteigende/absteigende Zahlenwerte und lässt man dann das Netz erlernen, dass die Rangfolge dieser Variablen keine Rolle spielt; oder kodiert man die Variable in binäre Vektoren[8], deren Anzahl gleich der Anzahl der Ausprägungen minus eins ist (Indikatorkodierung), und teilt man dem Netz damit bereits vorab mit, dass es nicht auf die Rangfolge ankommt.

Alle Anwender und Theoretiker sind sich einig, dass eine Skalierung sämtlicher Inputvariablen auf einen ähnlichen Variationsbereich für den Trainingsprozess empfehlenswert ist. Die Gründe stehen im engen Zusammenhang mit den Lernverfahren und werden deshalb in den

---

7 Die Beschreibung einer skalaren Funktion mit D unabhängigen Variablen kann zum Beispiel erfolgen, indem man den Inputraum vollständig mit D-dimensionalen „Würfeln" abdeckt und innerhalb jedes Würfels zumindest ein Funktionswert bekannt ist. Dafür wird jede Inputvariable in m Teile zerlegt. Damit ergibt sich die Gesamtzahl der „Würfeln" zu m^D.

8 Ein binärer Vektor ist ein Vektor, dessen Komponenten nur die Werte 0 oder 1 annehmen können.

entsprechenden Kapiteln angeführt. In der Literatur kommen lineare Transformationen der Variablen auf ein bestimmtes Intervall sowie die *z*-Standardisierung am häufigsten vor:

Lineare Transformation auf [0,1]: $$x^{neu} = \frac{x^{alt} - x^{alt}_{min}}{x^{alt}_{max} - x^{alt}_{min}},$$

Lineare Transformation auf [-1,1]: $$x^{neu} = 2 \cdot \frac{x^{alt} - x^{alt}_{min}}{x^{alt}_{max} - x^{alt}_{min}} - 1,$$

z-Standardisierung: $$x^{neu} = \frac{x^{alt} - \overline{x}^{alt}}{\hat{\sigma}^{alt}}, \text{ wobei } \overline{x}^{alt} = \frac{1}{n}\sum_{i=1}^{n} x_i^{alt}$$

$$\hat{\sigma}^{alt} = \sqrt{\frac{1}{n-1}\sum_{i=1}^{n}\left(x_i^{alt} - \overline{x}^{alt}\right)^2}.$$

Die *z*-Standardisierung hat den wesentlichen Vorteil, dass sie die linearen Korrelationsstrukturen unter den Variablen unverändert lässt. Die Werte der standardisierten Variablen liegen bis auf Ausnahmen im Intervall von (-3, 3).

Aus didaktischen Gründen werden zusammenfassend am Ende jedes Unterkapitels die darin erklärten Freiheitsgrade, die der Anwender von mehrschichtigen Perzeptronen zu fixieren hat, in einem unterlegten Kasten - wie folgt - aufgelistet:

Entscheidungen des Anwenders von KNN:
- *Auswahl der Inputvariablen*
- *Transformationen der Inputvariablen*
- *Einbau von Vorkenntnissen*

2.2 Verborgene Schicht

Beim Festlegen der Anzahl der verborgenen Schichten orientieren sich die Anwender an den theoretischen Beweisen von Hornik, Stinchombe und White, die gezeigt haben, dass bereits eine einzige verborgene Schicht zur Approximation jeder nichtlinearen Funktion ausreicht (Horn et al., 1989; Horn, 1991; Horn, 1993). Daher kommt das dreischichtige Perzeptron in der Literatur am häufigsten zum Einsatz und auch die weiteren Überlegungen beschränken sich auf diesen Modelltyp.

Die Anzahl der verborgenen Neuronen (H) in dieser Schicht sowie die Aktivierungsfunktionen für die einzelnen Neuronen sind Freiheitsgrade, die vom Anwender spezifiziert werden müssen. Als Aktivierungsfunktionen stehen unter anderen die logistische Funktion oder der Tangens Hyperbolicus zur Verfügung:

$$f(x) = \frac{e^x - e^{-x}}{e^x + e^{-x}}$$

$$f(x) = \frac{1}{1 + e^{-x}}$$

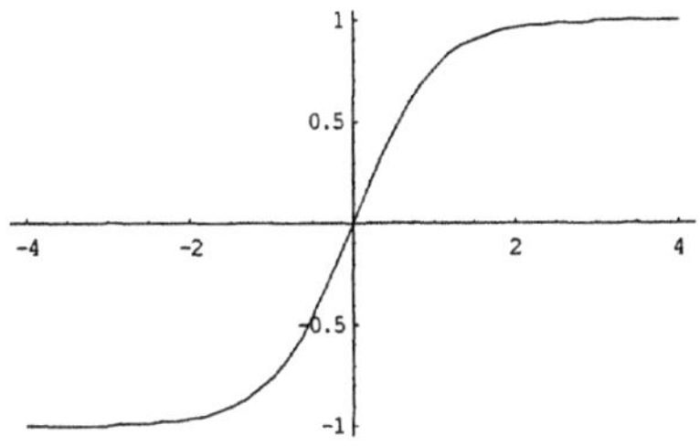

Abbildung 2-3: Tangens Hyperbolicus Funktion

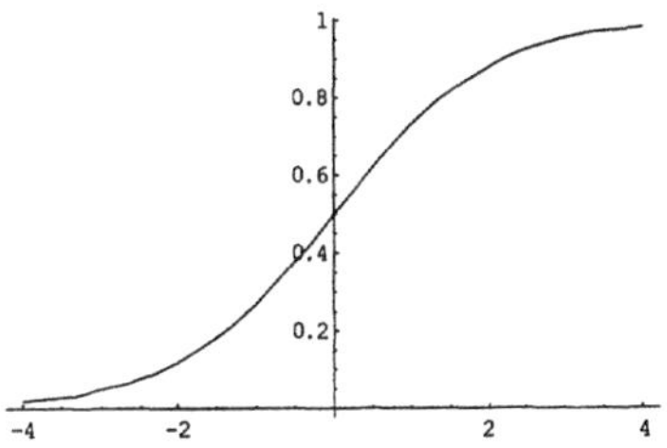

Logistische Funktion

Bei den praktischen Anwendungen in der Literatur ist es üblich, für alle Neuronen einer Schicht die gleiche Aktivierungsfunktion zu verwenden.

Meist werden alle Inputneuronen mit jedem einzelnen verborgenen Neuron – wie auch in Abbildung 2-1 angedeutet – verbunden. Jede Verbindung entspricht einem Gewicht, welches gewöhnlich vom Netz erlernt werden muss, um die zu approximierende Funktion möglichst genau wiederzugeben. Das verborgene Neuron fasst dann die gewichteten Werte der Inputneuronen mittels einer Eingabefunktion zur endgültigen Eingabe für die Aktivierungsfunktion zusammen. In der folgenden Abbildung eines einzelnen verborgenen Neurons wurde als Eingabefunktion die Summenfunktion und als Aktivierungsfunktion der Tangens Hyperbolicus verwendet:

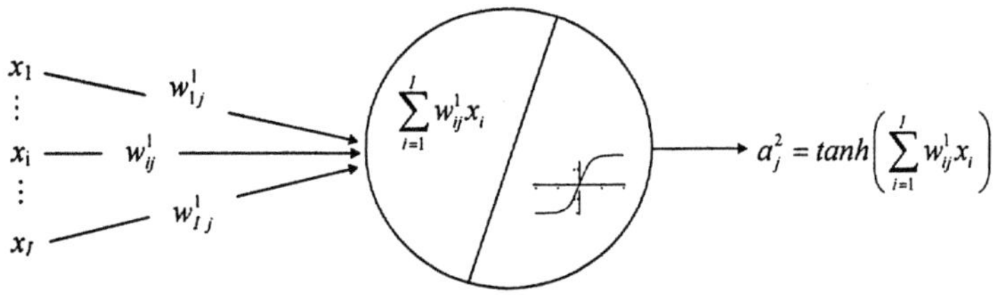

Abbildung 2-4: Vollständige mathematische Beschreibung des verborgenen Neurons j in der 2. Schicht mit der Eingabe $e_j^2 = \sum_{i=1}^{I} w_{ij}^1 x_i$ und der Ausgabe a_j^2.

Der Vollständigkeit halber sei hier erwähnt, dass neben der Summenfunktion zum Beispiel auch die Produktfunktion als Eingabefunktion verwendet werden kann. Dieses Konzept kommt von der Modellierung biologischer Neuronen. Bestimmte Neuronen geben kein Signal weiter, falls sie nicht von allen verbundenen Neuronen ein Eingangssignal erhalten. Diese Wahlmöglichkeit wird aber für praktische Anwendungen in der Ökonomie (fast) nicht genützt. Deshalb wird in den weiteren Ausführungen dieser Arbeit immer von der Summenfunktion als Eingabefunktion ausgegangen.

Die Werte der Aktivierungsfunktionen der verborgenen Neuronen werden wieder gewichtet, aufsummiert und als Eingabe an die Neuronen der nächsten Schicht oder wie bei einem Netz mit drei Schichten an die Berechnungselemente der Outputschicht weitergegeben. Jedes verborgene Neuron wird mit jedem Neuron aus der nächsten Schicht verbunden.

Entscheidungen des Anwenders von KNN:

- *Anzahl der verborgenen Schichten*
- *Anzahl der verborgenen Neuronen*
- *Art der Aktivierungsfunktionen*
- *Anzahl der Verbindungen*

2.3 Outputschicht

Die Outputschicht enthält meist so viele Neuronen wie abhängige Variablen vorhergesagt werden sollen.

Die Wahl der Aktivierungsfunktion für die Outputschicht hängt von der Art des Problems ab. Für Prognosezwecke verwendet man meist die lineare Funktion, damit die Werte der Approximationsfunktion des Netzes direkt mit den Zielwerten der abhängigen Variablen vergleichbar sind. Wenn das Netz Wahrscheinlichkeiten vorhersagen soll, dann kann als Aktivierungsfunktion die logistische Funktion verwendet werden, um die vorhergesagten Wahrscheinlichkeiten auf das Intervall [0,1] zu begrenzen.

Wenn alle Inputneuronen mit allen verborgenen Neuronen und diese wiederum mit allen Outputneuronen verbunden sind, dann spricht man von einer *vollständig vernetzten Netzwerkarchitektur*.

Kann man Inputvariablen in Gruppen zerlegen, von denen aus der Theorie bekannt ist, dass sie sich untereinander nicht beeinflussen, so kann man den Modellbau auch modifizieren:

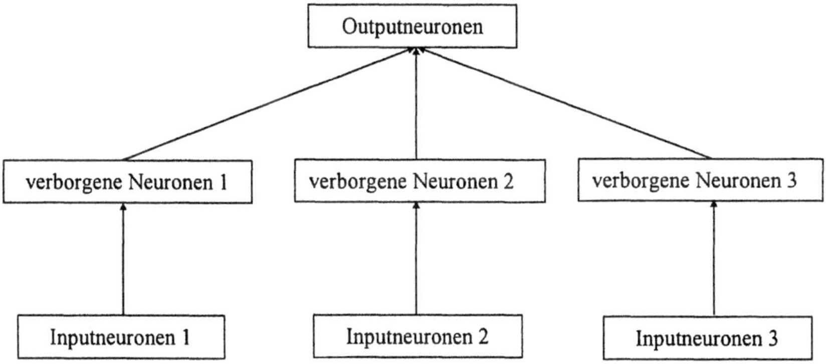

Abbildung 2-5: Netzwerk mit mehreren Inputclustern.

Mit dieser Topologie kann die Anzahl der Gewichte im Netz reduziert werden, da im Vergleich zur vollständig vernetzten Architektur zum Beispiel alle Verbindungen von den Inputneuronen 1 zu den verborgenen Neuronen 2 fehlen und folglich diese Parameter nicht mehr ermittelt werden müssen.

Laufen die Informationsflüsse so wie bisher diskutiert von der Inputschicht über die verborgenen Schichten zur Outputschicht, so spricht man von einem *feedforward* Netz. Werden die Ausgaben von Schichten wieder als Eingaben derselben Schicht oder einer noch früheren Schicht verwendet, so spricht man von ***rekurrenten*** Netzen. Abbildung 2-6 zeigt die zwei gängigsten rekurrenten Netztypen in der Literatur.

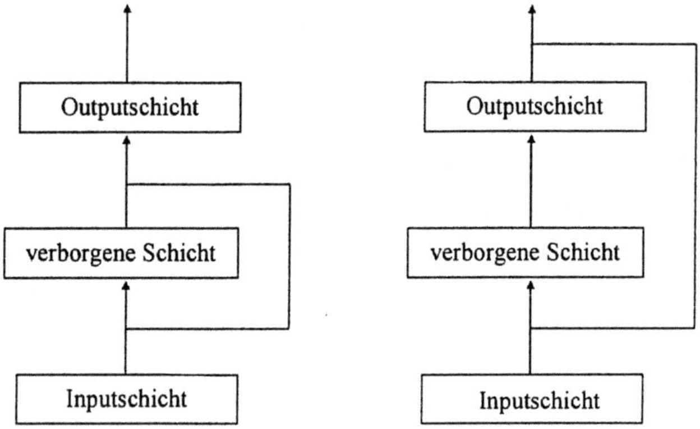

Abbildung 2-6: Elman Architektur Jordan Architektur

Hinter rekurrenten Netzwerken steht die Idee, dass sie neben dem aktuellen Wert der Inputvariablen auch Informationen aus ihrer zeitlichen Struktur nützen können, ähnlich wie bei ARIMA Modellen zur Zeitreihenanalyse Zeit verzögerte Variablen als Input verwendet werden. Ein rekurrentes Netz bestimmt im Rahmen des Trainingsprozesses welche zeitliche Dynamik und welche Inderdependenzen der Variablen für die Vorhersage entscheidend sind. Aufgrund dieses Verhaltens sind rekurrente Netze bei praktischen Anwendungen im Bereich der Prognose positioniert. Wegen ihres komplizierteren Lernalgorithmus[9] und wegen ihrer schlechten Konvergenz- sowie Stabilitätseigenschaften erzielen sie im Einsatz kaum so gute Performancekennzahlen wie ein feedforward Netz (Dematos, 1996).

> *Entscheidungen des Anwenders von KNN:*
> - *Anzahl der Outputneuronen*
> - *Art der Aktivierungsfunktionen*
> - *Anzahl und Richtung der Verbindungen*

Für die weiteren Erklärungen der Arbeitsschritte eines feedforward *MLPs* soll exemplarisch die analytische Darstellung eines dreischichtigen Perzeptrons mit folgenden Spezifikationen (ohne Beschränkung der Allgemeinheit) verwendet werden:

- Die lineare Funktion ist die Aktivierungsfunktion der Input- und Outputschicht.
- Der Tangens Hyperbolicus wird verwendet als Aktivierungsfunktion der verborgenen Schicht.
- I sei die Anzahl der Inputneuronen.
- H sei die Anzahl der verborgenen Neuronen.
- Die Outputschicht enthält nur ein Neuron.
- Jedes Neuron einer Schicht ist mit jedem Neuron der darauf folgenden Schicht verbunden (vollständig vernetztes Netz).
- Es sind nur Informationsflüsse von der Inputschicht über die verborgene Schicht zur Outputschicht erlaubt (feedforward Netz).

Damit lautet die Funktionsgleichung des Netzes:

$$f : \Re^I \times \Re^P \rightarrow \Re$$
$$(x, w) \rightarrow f(x, w) = y = \sum_{h=1}^{H} w_h^2 \, tanh\left(\sum_{i=1}^{I} w_{ih}^1 x_i\right),$$

wobei P ($P = I \cdot H + H$) die Anzahl der zu schätzenden Parameter im Netz ist.

Die Aufgabe des Netzwerkes besteht nun darin, die Netzparameter $w = \left(w_1^2, w_2^2, \ldots, w_H^2, w_{11}^1, \ldots, w_{I1}^1, w_{12}^1, \ldots, w_{I2}^1, \ldots, w_{1H}^1, \ldots, w_{IH}^1\right)$ (bzw. durch Umbenennung $w = (w_1, w_2, \ldots, w_P)$) so zu bestimmen, dass die Funktion den realen Zusammenhang möglichst genau wieder spiegelt.

[9] Die Rückkopplung von Neuronenausgaben verursacht eine Schleife im Lernalgorithmus, die mittels Fix-

2.4 Gewichte

2.4.1 Das Trainingsproblem

Das Netz soll anhand einer bestimmten Anzahl an Trainingsdaten (= $|T|$) reale Strukturen, die diese Daten beinhalten, erkennen. Anschließend können die gelernten Zusammenhänge an neuen Datensätzen angewendet werden und je nach Fragestellung zum Beispiel Vorhersagen getroffen oder die neuen Inputdatensätze in vorgegebene Gruppen klassifiziert werden.

Beim so genannten *überwachten Training* enthalten die Trainingsdatensätze zu jedem Inputvektor den entsprechenden Zielwert. Im Idealfall sollte das Netz nach dem Lernprozess zu jedem Trainingsinput den entsprechenden Zielwert (bzw. Zielvektor bei einer vektoriellen Funktion) liefern. Überwachtes Training für ein mehrschichtiges Perzeptron bedeutet, dass sein berechneter Output „möglichst genau" mit den Zielwerten übereinstimmen bzw. dass die Abweichung des kalkulierten Netzoutputs zum Idealwert für jeden Trainingsdatensatz möglichst gering sein muss. Um den Fehler bzw. die Ungenauigkeit des Gesamtnetzwerkes zu quantifizieren, wird eine *Fehlerfunktion* definiert. In der Literatur üblich ist die aus der Statistik bekannte *Quadratische Fehlerfunktion*, die wie folgt definiert ist:

$$E(w) = \frac{1}{|T|} \sum_{i=1}^{|T|} \left(f(x_i, w) - z_i \right)^2,$$

wobei $f(x_i, w)$ der zum Trainingsinput mit dem Index i berechnete Netzoutput und z_i der Zielwert zu diesem Input x_i ist. Damit kann der Lernvorgang des Netzes auch folgendermaßen formuliert werden. Die Gewichte des Netzes sind so zu bestimmen, dass die mittlere quadratische Abweichung zwischen Output und Zielwert der Trainingsdatensätze minimiert wird:

$$w^{optimum} = arg \min_{w} \left[E(w) = \frac{1}{|T|} \sum_{i=1}^{|T|} \left(f(x_i, w) - z_i \right)^2 \right].$$

Als Fehlerfunktion können aber neben der quadratischen Funktion auch zum Beispiel folgende (differenzierbare) Funktionen gewählt werden:

- *Betragsfunktion*: $E(w) = \frac{1}{|T|} \sum_{i=1}^{|T|} \left| f(x_i, w) - z_i \right|$

punktmethoden gelöst werden muss, um den Gleichgewichtszustand des Netzes zu ermitteln.

- *Modifizierte Betragsfunktion*: $E(w)=\frac{1}{|T|}\sum_{i=1}^{|T|} ln\left(cosh\left(f\left(x_i,w\right)-z_i\right)\right)$

- *Cross-Entropie*: $E(w)=\frac{1}{|T|}\sum_{i=1}^{|T|}\left[z_i\cdot ln\left(f\left(x_i,w\right)\right)+\left(1-z_i\right)\cdot ln\left(1-f\left(x_i,w\right)\right)\right]$

Zur geometrischen Veranschaulichung des Optimierungsproblems wird eine Fehlerfunktion mit zwei Parametern beispielhaft in Abbildung 2-7 dargestellt.

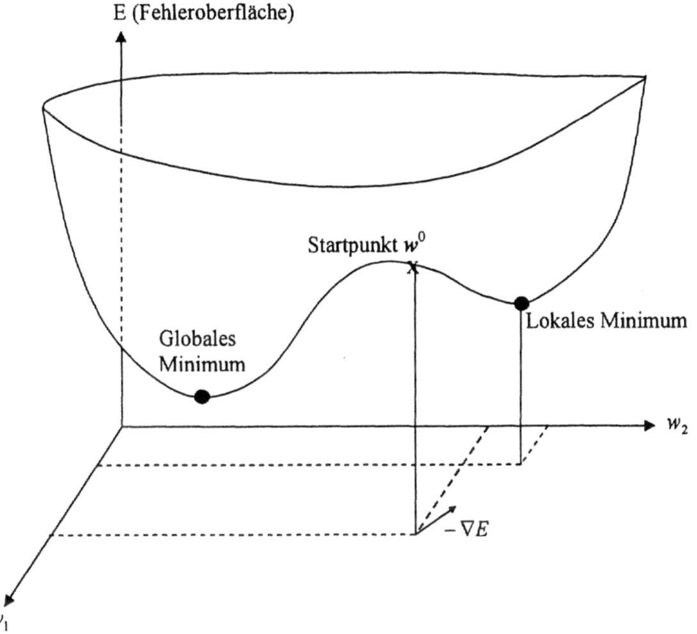

Abbildung 2-7: Graphische Darstellung der Fehlerfunktion im zweidimensionalen Parameterraum. Der Gradient der Fehlerfunktion wurde im Startpunkt eingezeichnet.

Für ein *MLP* ist die Fehlerfunktion normalerweise eine hoch nichtlineare Funktion in den Gewichten. Folglich gibt es nicht nur ein Minimum sondern mehrere lokale Minima, die alle die Bedingung $\nabla E = \boldsymbol{0}$ erfüllen, wobei ∇E der Gradient der Fehlerfunktion im Parameterraum ist. Jenes Minimum, welches den kleinsten Fehlerwert von allen Minima liefert, wird *globales Minimum* genannt. Ziel ist es, dieses globale Minimum zu finden (vgl. Abbildung 2-7).

Ebenfalls als Konsequenz der Nichtlinearität der zu optimierenden Zielfunktion ist es generell nicht möglich eine Lösung in geschlossener Form anzugeben. Stattdessen müssen Algorithmen verwendet werden, die eine iterative Suche im Parameterraum durchführen. Ihre generelle Vorgehensweise besteht darin, dass sie ausgehend von einem zufällig gewählten Startpunkt $\boldsymbol{w}^0$ für die Gewichte, eine Folge $\boldsymbol{w}^0$, $\boldsymbol{w}^1$, $\boldsymbol{w}^2$, ... von Gewichten konstruieren, die gegen die Minimalstelle konvergieren soll. Man erhält die Folge, indem man in jedem Punkt $\boldsymbol{w}^i$ des Parameterraums eine Suchrichtung $\boldsymbol{d}^i$ und eine Schrittweite η^i bestimmt und den nächsten Iterationspunkt (i steht für den i-ten Iterationsschritt) gemäß

$$\boldsymbol{w}^{i+1} = \boldsymbol{w}^i + \Delta\boldsymbol{w}^i = \boldsymbol{w}^i + \eta^i \boldsymbol{d}^i$$

berechnet. Diese Vorgehensweise ist allen Lernverfahren gemeinsam. Je nach Wahl von η^i und $\boldsymbol{d}^i$ unterscheidet man unterschiedliche Lernalgorithmen.

Aus der Analysis sind folgende Tatsachen bekannt:

- Der Gradient im Punkt $\boldsymbol{w}^i$, also der Vektor der partiellen Ableitungen $\nabla E(\boldsymbol{w}^i) = \left(\left.\frac{\partial E}{\partial w_1^i}\right|_{\boldsymbol{w}^i}, \left.\frac{\partial E}{\partial w_2^i}\right|_{\boldsymbol{w}^i}, \ldots, \left.\frac{\partial E}{\partial w_P^i}\right|_{\boldsymbol{w}^i} \right)$, gibt im Gewichtsraum diejenige Richtung an, längs der die Fehlerfunktion am steilsten ansteigt. Demzufolge gibt $-\nabla E$ die Richtung des steilsten Abstiegs an.
- Jede Richtung $\boldsymbol{d}^i$, die mit $-\nabla E$ einen kleineren Winkel als 90° einschließt, stellt eine Abstiegsrichtung dar. Die Steigung mit der es anfänglich bergab geht, ist der Wert des Skalarproduktes der Suchrichtung $\boldsymbol{d}^i$ mit dem negativen Gradienten der Fehlerfunktion.
- Die Höhenlinien, also die Kurven in der Parameterebene, auf denen alle Punkte mit gleichem Funktionswert (mit gleichem Fehlerwert) liegen, stehen in jedem Punkt senkrecht auf den jeweiligen Gradienten.

Hieraus ergibt sich, dass ein Lernverfahren eine Gewichtsfolge $\boldsymbol{w}^0$, $\boldsymbol{w}^1$, $\boldsymbol{w}^2$, ... mit zumindest nicht steigender Fehlerfolge $E(\boldsymbol{w}^0)$, $E(\boldsymbol{w}^1)$, $E(\boldsymbol{w}^2)$, ... erzeugt, wenn folgende Bedingungen erfüllt sind:

- Die Suchrichtung bildet mit dem negativen Gradienten der Fehlerfunktion einen kleineren Winkel als 90°.
- Die Schrittweite wird genügend klein gewählt, sodass man nicht Gefahr läuft, über ein Minimum hinauszuschießen.

Ein solches Verfahren wird den Einzugsbereich eines Minimums der Fehlerfunktion nicht mehr verlassen, wenn es diesen erst einmal betreten hat. Wenn man darüber hinaus die Schrittweite geeignet wählt, so konvergiert das Verfahren gegen die Minimalstelle. Dieses Verhalten ist bei Künstlichen Neuronalen Netzen meist nicht in der Art und Weise erwünscht, da es sich bei dem angesteuerten Minimum ja auch um eine lokale Minimalstelle handeln kann. Daher determiniert die Anfangsinitialisierung der Gewichte in welches Minimum der Algorithmus konvergiert. Auch Sattelpunkte oder Gebiete, in denen die Fehlerfunktion sehr flach ist, lassen manche Algorithmen stecken bleiben. Aus diesem Grund kann man entweder speziell zu Beginn des Trainings ganz bewusst Verfahren verwenden, die eine der obigen Bedingungen oder sogar beide nicht erfüllen und dadurch die Möglichkeit bieten, nicht in einem lokalen Minimum „gefangen" zu bleiben. Oder man gibt dem Netz mehr als eine Chance, das Optimum zu finden, indem die Gewichte öfters initialisiert werden und der Lernalgorithmus in Folge mehrmals gestartet wird.

Wenn numerische Optimierungsalgorithmen verwendet werden, muss der Algorithmus „per Hand" abgebrochen werden. Es gibt verschiedene Kriterien, nach denen dieser Abbruch vorgenommen werden kann und die auch automatisierbar sind:

1. Man kann nach einer bestimmten Anzahl von Iterationsschritten den Algorithmus stoppen. Allerdings weiß man nie im Vorhinein welche Anzahl adäquat ist.
2. Als Abbruchkriterium kann auch ein unterer Schwellenwert für die Fehlerfunktion festgelegt werden. Wenn die Fehlerfunktion diesen Wert erreicht hat, wird der Algorithmus beendet. Das Problem daran ist, dass dieser Schwellenwert vielleicht nie erreicht wird und das Netz ohne manuelle Kontrolle nicht aufhört zu trainieren.
3. Man könnte den Algorithmus stoppen, wenn die relative Veränderung der Fehlerfunktion unter einen Schwellenwert fällt. Der Nachteil ist, dass dadurch der Trainingsprozess auch zu früh zum Aufhören gezwungen werden kann, wenn während eines Trainingsabschnittes die Fehlerfunktion relativ wenig fällt.
4. Der Trainingsalgorithmus kann angehalten werden, falls auf einem unabhängigen Datensatz – genannt Validierungsmenge – die Fehlerfunktion wieder zum Steigen beginnt.

Das letzte Abbruchkriterium kommt in der Literatur am häufigsten vor und ist Teil einer Strategie, die versucht die Generalisierungsfähigkeit des Netzes zu verbessern. Der Nutzen bzw. die Notwendigkeit einer Validierungsmenge soll im folgenden Kapitel (2.4.2) erklärt werden.

2.4.2 Die Validierungsmenge

Im neuronalen Kontext, wie auch bei anderen Verfahren, gilt, dass eine zu große Zahl freier Parameter zu einer Überanpassung des Datensatzes (Overfitting) führt, ohne dass das Modell etwas über die Struktur der Daten gelernt hätte. Eine zu kleine Zahl an Parametern ist andererseits nicht in der Lage, den wahren funktionalen Zusammenhang zu approximieren. Unabhängig von der externen Spezifikation der Input- und Outputvektoren sind zu viele verborgene Neuronen in Verbindung mit Rauschen in den Daten unter anderem der Hauptgrund für Overfitting bei Neuronalen Netzen. Durch eine Erhöhung der Anzahl der verborgenen Neuronen kann man die Zahl der Parameter im Netzwerk so weit steigern, dass perfektes Auswendiglernen möglich wird.

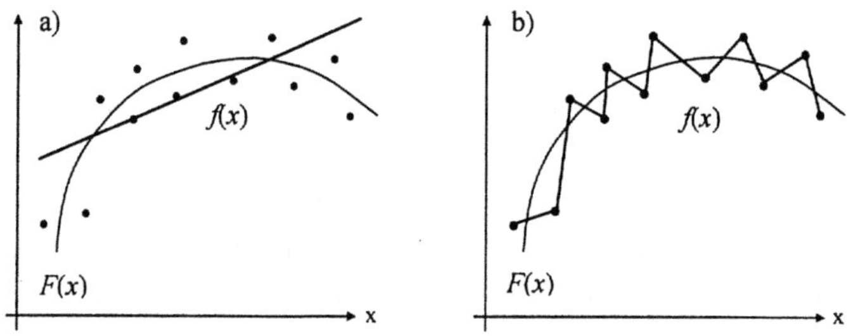

Abbildung 2-8: Graphische Darstellung a) des Bias eines zu kleinen Modells $f(x)$ und b) der Varianz eines zu großen Modells $f(x)$. $F(x)$ stellt den wahren Zusammenhang dar.

Ein zu kleines Modell ist sehr unflexibel und passt sich deshalb nicht sehr stark an Störterme an. Es ist nicht in der Lage, die wahre Funktion nachzubilden, und führt daher tendenziell zu großen Abweichungen zwischen der Modellschätzung und der wahren Funktion (vgl. Abbildung 2-8). Ein zu kleines Modell erzeugt folglich einen großen *Bias*.[10]

Ein zu großes Modell passt sich dagegen im Extremfall exakt an die beobachteten Daten an und besitzt keine Generalisierungsfähigkeit. Dadurch verschwindet zwar der Bias der Modell-

[10] Der Bias von einem Schätzer $\hat{\theta}$ eines wahren Wertes θ ist folgendermaßen definiert: $Bias(\hat{\theta}) = E[\hat{\theta}] - \theta$, wobei $E[\hat{\theta}]$ der Erwartungswert des Schätzers ist (Johnston und Dinardo, 1997).

schätzung, dafür wächst für diese Modellschätzung die *Varianz*.[11] In der empirischen Anwendung einen Fehler sowohl bezüglich der Varianz als auch bezüglich des Bias vollständig auszuschließen ist unmöglich. Dieses Dilemma ist in der Literatur als „Bias-Variance-Dilemma" bekannt (Geman und Bienenstock, 1992).

Das Problem des Netzwerktrainings besteht also nicht nur darin, eine genügend reichhaltige Funktionenklasse zur Modellierung der Daten zur Verfügung zu stellen, sondern parallel Komplexitätsbeschränkungen durchzuführen, die das Overfitting beschränken. Um die Überanpassung zu messen und damit zu kontrollieren, kann man die für das Lernen zur Verfügung stehenden Daten in zwei disjunkte[12] Mengen teilen: Trainings- und Validierungsmenge. Die Trainingsdaten werden zum Erkennen der Strukturen in den Daten bzw. zur Schätzung der Parameter und der Modellarchitektur verwendet. Die Validierungsmenge wird ausschließlich dazu benutzt, das Overfitting zu kontrollieren. Das überwachte Training sorgt dafür, dass der Fehler auf der Trainingsmenge weiter abnimmt, obwohl er auf der Validierungsmenge bereits wieder ansteigt. Dies ist ein sicheres Zeichen von Overfitting, und das Training kann und sollte an dieser Stelle beendet werden.

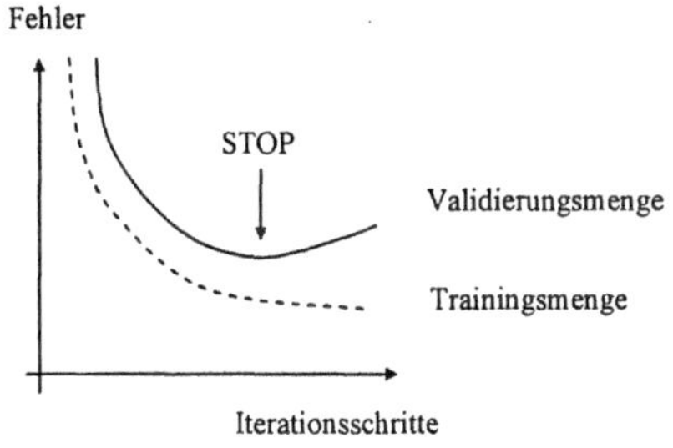

Abbildung 2-9: Kontrolle des Overfittings: Die Fehlerentwicklung auf der Trainingsmenge und der Validierungsmenge in Abhängigkeit der Iterationsschritte des Lernalgorithmus muss beobachtet werden.

Beide Datenmengen (Training und Validierung) fließen demnach in die Ermittlung der Modellparameter ein. Eine echte Beurteilung der Qualität des Modells kann daher nur mit einem

[11] Die Varianz eines Schätzers erhält man nach folgender Definitionsgleichung $Var(\hat{\theta}) = E\left[\left(\hat{\theta} - E\left[\hat{\theta}\right]\right)^2\right]$ (Johnston und Dinardo, 1997).

[12] Der Durchschnitt der Trainingsmenge mit der Validierungsmenge ist leer.

von diesen beiden Mengen verschiedenen Datensatz (Generalisierungsmenge) methodisch einwandfrei erfolgen. Diese notwendige Trennung in disjunkte Trainings-, Validierungs- und Generalisierungsmenge reduziert die Größe des Datensatzes, der für das Training im engeren Sinne zur Verfügung steht, oft erheblich.

2.4.3 Der Backpropagation Algorithmus

Wenn ein Oputputneuron eine falsche Antwort auf einen Inputvektor gibt, hat man vorab keine Vorstellung darüber, welches verborgene Neuron in welchem Ausmaß dafür verantwortlich ist. Man hat also keine Möglichkeit zu wissen, welches Gewicht wie anzupassen ist. Die Lösung dieses Problems ist relativ einfach. Wenn man ein Netzwerk mit differenzierbaren Aktivierungsfunktionen betrachtet, dann ist auch der Netzoutput eine differenzierbare Funktion sowohl nach den Inputvariablen als auch nach den Netzparametern. Wenn zusätzlich eine Fehlerfunktion gewählt wird, die nach dem Netzoutput differenzierbar ist, dann ist der Fehler selbst auch wieder nach den Gewichten differenzierbar. Man kann daher unter diesen Voraussetzungen die partiellen Ableitungen der Fehlerfunktion nach den Gewichten berechnen. Diese Ableitungen können dazu verwendet werden, mit Hilfe eines Lernalgorithmus jene Gewichte zu finden, die die Fehlerfunktion minimieren. Der Algorithmus zur Berechnung der partiellen Ableitungen der Fehlerfunktion nach den Gewichten ist bekannt als *Backpropagation.*[13] Der von Rumelhart et al. (1986a, 1986b) eingeführte Backpropagation Algorithmus (*BP*) ist das notwendige Fehlerfortpflanzungsgesetz, um den Ausgabefehler den inneren Netzteilen zugänglich zu machen und zwar auf eine rechentechnisch effiziente Art und Weise. Seinen Namen erhält er dadurch, dass bei der Berechnung des Gradienten der Fehlerfunktion nach den Gewichten zuerst das Eingangssignal vorwärts und dann das Fehlersignal rückwärts durch das Netz „propagiert" wird. Zunächst sollen die Ableitungen der Zielfunktion nach den Parametern des Netzes unter Verwendung der Kettenregel berechnet werden. Um die Struktur des Backpropagation Algorithmus zu verdeutlichen, wird die Funktionsgleichung des Netzoutputs mit Hilfe der Ein- und Ausgaben der jeweiligen Schichten (vgl. Abbildung 2-10) formuliert. Zu diesem Zweck wird die Eingabe einer Schicht abgekürzt mit „e". Der hochgestellte Index repräsentiert die Nummer der jeweiligen Schicht, zum Beispiel wird die Eingabe der verborgenen Schicht mit e^2 bezeichnet (Analoges gilt für die Ausgabe der Schichten). Für den Netzoutput zu einem Datensatz t von dem oben spezifizierten Netzwerk ergibt sich:

$$f(x_t, w) = y_t = \sum_{j=1}^{H} w_j^2 \cdot tanh\left(\sum_{i=1}^{I} w_{ij}^1 x_{it}\right) = \sum_{j=1}^{H} w_j^2 \cdot tanh\left(\sum_{i=1}^{I} w_{ij}^1 a_{it}^1\right)$$

$$= \sum_{j=1}^{H} w_j^2 \cdot tanh\left(e_{jt}^2\right)$$

$$= \sum_{j=1}^{H} w_j^2 \cdot a_{jt}^2 = e_t^3 = a_t^3 .$$

Damit lassen sich die partiellen Ableitungen der Fehlerfunktion nach den Parametern berechnen.

$$E(w) = \frac{1}{|T|} \sum_{t=1}^{|T|} (y_t - z_t)^2$$

$$\frac{\partial E}{\partial w_j^2} = \frac{1}{|T|} \sum_{t=1}^{|T|} 2(y_t - z_t) \cdot \frac{\partial y_t}{\partial w_j^2} = \frac{1}{|T|} \sum_{t=1}^{|T|} 2(y_t - z_t) \cdot \frac{\partial y_t}{\partial e_t^3} \cdot \frac{\partial e_t^3}{\partial w_j^2}$$

$$= \frac{1}{|T|} \sum_{t=1}^{|T|} \underbrace{2(y_t - z_t)}_{\delta_t^3} \cdot a_{jt}^2 = \underline{\underline{\frac{1}{|T|} \sum_{t=1}^{|T|} \delta_t^3 a_{jt}^2}} \quad ,$$

sowie

$$\frac{\partial E}{\partial w_{ij}^1} = \frac{1}{|T|} \sum_{t=1}^{|T|} 2(y_t - z_t) \cdot \frac{\partial y_t}{\partial w_{ij}^1}$$

$$= \frac{1}{|T|} \sum_{t=1}^{|T|} 2(y_t - z_t) \cdot \frac{\partial y_t}{\partial e_t^3} \cdot \frac{\partial e_t^3}{\partial a_{jt}^2} \cdot \frac{\partial a_{jt}^2}{\partial e_{jt}^2} \cdot \frac{\partial e_{jt}^2}{\partial w_{ij}^1}$$

$$= \frac{1}{|T|} \sum_{t=1}^{|T|} \underbrace{2(y_t - z_t)}_{\delta_t^3} \cdot W_j \cdot tanh'\left(e_{jt}^2\right) \cdot a_{it}^1 \qquad tanh'\left(e_{jt}^2\right) \equiv 1 - tanh^2\left(e_{jt}^2\right)$$

$$= \frac{1}{|T|} \sum_{t=1}^{|T|} \underbrace{2\delta_t^3 \cdot W_j \cdot tanh'\left(e_{jt}^2\right)}_{\delta_{ij}^2} \cdot a_{it}^1 = \underline{\underline{\frac{1}{|T|} \sum_{t=1}^{|T|} 2\delta_{jt}^2 \cdot a_{it}^1}} \quad .$$

Für ein einziges Trainingsbeispiel (Index t fällt weg) werden der Informationsfluss und die Fehlerausbreitung eingebunden in die Netzstruktur in Abbildung 2-10 dargestellt (vgl. Rehkugler und Zimmermann, 1994).

[13] Der Algorithmus kann auch verwendet werden, um andere Ableitungen - wie die Jakobsche Matrix oder die

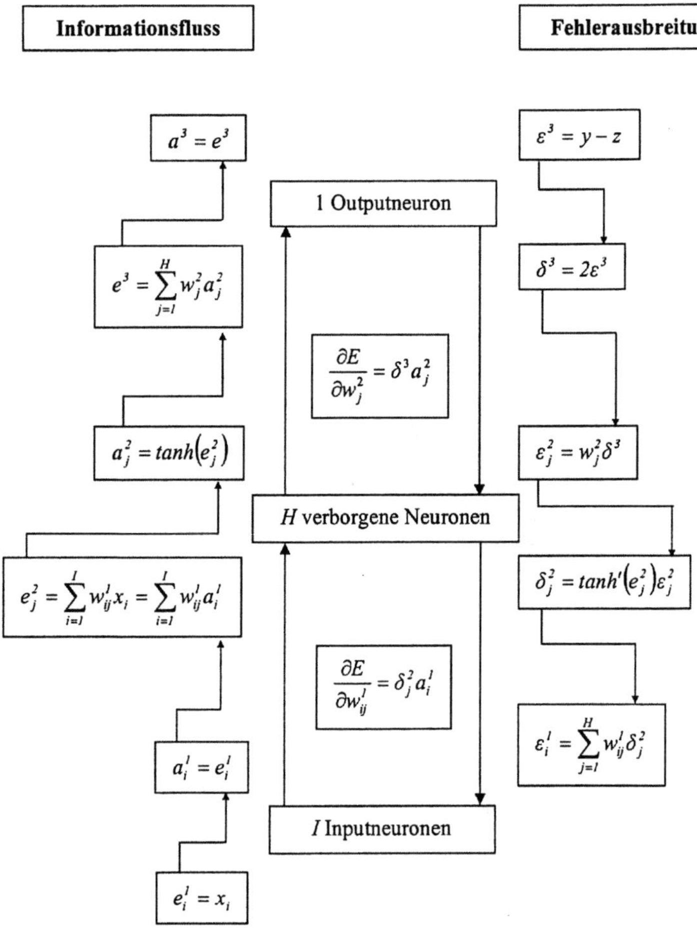

Abbildung 2-10: Informationsfluss und Fehlerausbreitung in einem dreischichtigen, vollständig vernetzten, feedforward Netz mit dem Tangens Hyperbolicus als Aktivierungsfunktion der verborgenen Schicht und der Identität als Aktivierungsfunktion der Input- und Outputschicht.

Aus Abbildung 2-10 wird ersichtlich, dass die Fehlerausbreitung entgegengesetzt zur Informationsausbreitung rückwärts durch das Netz läuft. ε_i^1 gewichtet mit dem Anteil der Ausgabe

---

Hesse Matrix - zu berechnen.

des Neurons i am Gesamtfehler ergibt die Fehlerelastizität des Neurons i in der ersten Schicht und ε_j^2 gewichtet mit der Ausgabe des Neurons j am Gesamtfehler ergibt jene des Neurons j in der verborgenen Schicht:

$$\varepsilon_j^2 \cdot \frac{a_j^2}{E} = w_j^2 \frac{\partial E}{\partial w_j^2} \frac{1}{a_j^2} \cdot \frac{a_j^2}{E} = \frac{\partial E}{E} \bigg/ \frac{\partial w_j^2}{w_j^2},$$

$$\varepsilon_i^1 \cdot \frac{a_i^1}{E} = \sum_{j=1}^{H} w_{ij}^1 \frac{\partial E}{\partial w_{ij}^1} \frac{1}{a_i^1} \cdot \frac{a_i^1}{E} = \sum_{j=1}^{H} \left(\frac{\partial E}{E} \bigg/ \frac{\partial w_{ij}^1}{w_{ij}^1} \right).$$

Eine der wichtigsten Eigenschaften des Backpropagation Algorithmus ist seine rechentechnische Effizienz bei der Berechnung der partiellen Ableitungen. Würde man die Ableitungen nur mit Hilfe von vorwärts gerichteten Informationsflüssen numerisch ermitteln wollen[14], so würde die Kalkulation von der Ordnung P^2 sein. Denn die Bestimmung des Wertes der Fehlerfunktion für einen Inputdatensatz benötigt Berechnungen proportional zur Parameterzahl P und da für jeden Parameter wiederum eine Ableitung zu berechnen ist, können alle Ableitungen nach dieser Vorgehensweise nur mit einem Aufwand direkt proportional zu P^2 ermittelt werden. Backpropagation erlaubt aber die Berechnung aller Ableitungen mit einem rechentechnischen Aufwand der Ordnung P. Da der Trainingsprozess für Neuronale Netze (selbst bei Anwendung des Backpropagation Algorithmus) sehr CPU intensiv sein kann, ist die Einsparung von Rechenkapazität durch Backpropagation für praktische Anwendungen sehr bedeutsam.

Der Mechanismus des Backpropagation Algorithmus wurde anhand einer spezifizierten Topologie aufgezeigt, er ist selbstverständlich verallgemeinerbar und unabhängig von der gewählten Netzarchitektur. Auch für rekurrente Netze kann ein entsprechender Backpropagation Algorithmus angegeben werden (Rehkugler und Zimmermann, 1994).

Im nächsten Kapitel soll gezeigt werden wie die Information der Ableitungen konkret in den Lernalgorithmen verwendet wird.

---

[14] Numerische Differentiation: $\frac{\Delta E}{\Delta w_i} = \frac{E(w_i + h) - E(w_i)}{h} + O(h) \quad \forall i = 1, \ldots, P$, wobei $h \ll 1$.

2.4.4 Der Lernalgorithmus

Die meisten Lernverfahren verwenden zur Bestimmung der Suchrichtung den Gradienten der Fehlerfunktion, manche auch höhere Ableitungen oder Approximationen davon.[15] Grundsätzlich müssen bei der konkreten Ausgestaltung des Lernalgorithmus folgende drei Fragen beantwortet werden:

- Wie viele und welche von den zur Verfügung stehenden Trainingsdatensätzen werden zur Berechnung des Gradienten herangezogen?

Wenn man den Gradienten als Mittelung der Einzelgradienten über alle Trainingsdatensätze ($\nabla E = \frac{1}{|T|}\sum_{t=1}^{|T|} \nabla E^t$) bildet, dann kann man eine Abstiegsrichtung als Suchrichtung erzwingen. Verwendet man nur eine Mittelung über eine Teilmenge aller Trainingsdatensätze ($\nabla E = \frac{1}{|M|}\sum_{t=1}^{|M|} \nabla E^t, M \subset T$), so bringt man eine stochastische Komponente in den Lernalgorithmus und hält sich die Möglichkeit offen, aus lokalen Minima herauszukommen und in tiefere gelangen zu können. Hat das Netz alle $|T|$ Trainingsdaten einmal verwendet, so spricht man von einer *Epoche* des Algorithmus.

- Wie soll die Suchrichtung gewählt werden?

Die beiden am häufigsten verwendeten Suchrichtungen in den aktuellen Anwendungen sind das Gradienten-Verfahren (bzw. das Momentum-Gradienten-Verfahren[16]) und die Konjugierte-Gradienten-Methode. Das Gradienten-Verfahren wird auch Methode des steilsten Abstiegs genannt, da die Suchrichtung der negative Gradient der Fehlerfunktion ($\boldsymbol{d} = -\nabla E$) ist. Beim Momentum-Gradienten-Verfahren wird die aktuelle Suchrichtung als Linearkombination aus aktuellem negativen Gradienten der Fehlerfunktion und letzter Suchrichtung bestimmt: $\boldsymbol{d}^i = -\nabla E(\boldsymbol{w}^i) + \alpha \cdot \boldsymbol{d}^{i-1}$. α heißt Momentum-Term, er liegt im Intervall (0,1) und bleibt wäh-

[15] Eine Ausnahme bilden die genetischen Lernalgorithmen.

[16] In der Literatur findet man für Lernalgorithmen mit dieser Wahl der Suchrichtung die Namen Backpropagation- und Momentum-Backpropagation-Verfahren, wenn als Fehlerfunktion die quadratische Funktion verwendet wird.

rend des gesamten Trainings konstant. Dieses Lernverfahren bringt Konvergenzvorteile auf Fehleroberflächen mit stark unterschiedlichen Krümmungen in verschiedenen Richtungen (vgl. Abbildung 2-11).

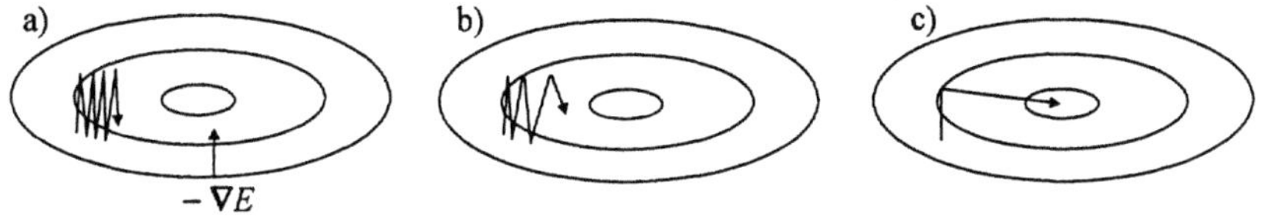

Abbildung 2-11: Schematischer Vergleich der Konvergenzeigenschaften der drei vorgestellten Lernverfahren bei der Anwendung auf eine Fehlerfunktion mit elliptischen Höhenlinien. Die Fehleroberfläche hat die Form eines schmalen engen Tales. a) Gradientenmethode mit konstanter Lernrate. b) Gradientenmethode mit Momentum-Term. c) Konjugierte Gradientenmethode.

Im Gegensatz zum konstanten Momentum-Term wird beim Konjugierten Gradienten Verfahren, bei dem die aktuelle Suchrichtung ebenfalls eine Linearkombination aus vorheriger und aktueller Suchrichtung darstellt ($\boldsymbol{d}^i = -\nabla E(\boldsymbol{w}^i) + \beta^i \cdot \boldsymbol{d}^{i-1}$), der Koeffizient nach folgender Vorschrift für jeden Schritt berechnet:

$$\beta^i = \frac{\left(\nabla E^i - \nabla E^{i-1}\right)^T \nabla E^i}{\nabla E^{i-1,T} \nabla E^{i-1}} ,$$

wobei $\nabla E^i = \nabla E(\boldsymbol{w}^i)$ und der hochgestellte Index T für „transponieren" steht. Die Motivation für die Verwendung des Konjugierten-Gradienten-Verfahrens kommt aus der Optimierung quadratischer Funktionen. Wird dieser Algorithmus zur Minimierung quadratischer Funktionen verwendet, so benötigt er für diese Aufgabe höchstens P Iterationsschritte (Bishop, 1996). Da allgemein Funktionen höherer Ordnung im Bereich von Minimalstellen durch eine quadratische Funktion angenähert werden können, sollte diese günstige Konvergenzeigenschaft auch bei Funktionen höherer Ordnung zum Tragen kommen.

Die sparsame Speichernutzung konjugierter Gradientenverfahren weist sie als geeignetes Optimierungsverfahren für Neuronale Netze aus. Der Speicherbedarf ist nur um einen Faktor zwei größer als beim Gradientenverfahren, wächst also insbesondere nicht quadratisch mit der

Anzahl der Gewichte wie etwa bei Verfahren zweiter Ordnung (darunter fallen zum Beispiel die Quasi-Newton Lernalgorithmen).

- Wie wird die Lernrate bestimmt?

Die Lernrate kann auf einen festen Wert eingestellt werden, für deren Größenordnungen Empfehlungen in der Literatur zu finden sind. Ist der Wert für die Lernrate zu groß, kann es zu Oszillationen um den Minimalwert kommen; ist er zu klein, wird der Algorithmus sehr, sehr langsam konvergieren.

Eine zweite Möglichkeit in der Fixierung der Lernrate besteht darin, die Fehlerfunktion in Abhängigkeit der Lernrate bei fester Suchrichtung zu minimieren. Diese Methode wird *Line Search* genannt, es handelt sich dabei um ein eindimensionales Optimierungsproblem. Für die Aufgabenstellung

$$\eta^{optimum} = arg\,\min_{\eta}\left(E(\eta) = E\left(w^i + \eta d^i\right)\right)$$

findet man in der Literatur geeignete Algorithmen zur Lösung (Press et al., 1992). Die Line Search Methode kann nur dann zum Einsatz kommen, wenn als Suchrichtung eine Abstiegsrichtung gewählt wurde.

Drittens inkludieren bestimmte Lernalgorithmen bereits bei ihrer Herleitung die Idee der Schrittweitenoptimierung und geben für die Lernrate eine genaue Vorschrift für deren Berechnung an. Die konjugierte Gradientenmethode kann als eine Form der Gradientenmethode mit Momentum betrachtet werden, wobei die Lernrate mit Hilfe von Line Search ermittelt wird und der Momentum-Term durch β^i bestimmt ist. Allerdings wurde die Optimalität beider Parameter zur Minimierung von rein quadratischen Funktionen hergeleitet.

Es wurde viel theoretische Arbeit in das Auffinden neuer Lernverfahren gesteckt, und es wäre nicht möglich im Rahmen dieser Arbeit auf alle einzugehen. Dies scheint auch nicht notwendig zu sein, da beim Großteil der publizierten Anwendungen eines der bereits oben genannten Verfahren oder eine Kombination von ihnen zum Einsatz kommt.

Bei der Entwicklung neuer Lernalgorithmen lässt die Vergleichbarkeit zwischen den Algorithmen sehr zu wünschen übrig. Prechelt stellte fest, dass nur 22% von 414 untersuchten Publikationen aus den vier größten *KNN* Zeitschriften (Neural Networks, Neural Computation, Neurocomputing und IEEE Transactions on Neural Networks) mehr als einen Datensatz zur experimentellen Evaluation verwendeten oder ihre Ergebnisse zumindest mit einem anderen Verfahren verglichen (Prechelt, 1996).

„However, different algorithms will perform best on different problems and it is therefore not possible to recommend a single universal optimization algorithm." (Bishop, 1996, Seite 254). Wenn die Gradientenmethoden vielleicht auch nicht gerade die besten Algorithmen für ein zu behandelndes Problem sind, dann besitzen sie aber meinen Analysen nach genügend Mächtigkeit, um aufgrund der erzielten Ergebnisse wenigstens abschätzen zu können, ob sich ein weiterer Aufwand lohnt.

Entscheidungen des Anwenders von KNN:
- *Fehlerfunktion*
- *Startpunkt der Gewichte*
- *Lernalgorithmus*
- *Aufteilung der Daten in T, V, G*

3 Standardprobleme beim Einsatz vom *MLP*

Im letzten Kapitel wurde die Funktionsweise eines *MLP* erklärt und an jedem Ende eines Abschnitts jene Entscheidungen aufgezeigt, die der Anwender beim konkreten Einsatz vom *MLP* treffen muss. In diesem Kapitel sollen nun diese Ausgestaltungsmöglichkeiten genauer untersucht und wenn möglich Entscheidungshilfen aus Theorie und Praxis angeführt werden. Obwohl das *MLP* eine einfache Modellklasse zu sein scheint, sind die Standardprobleme bei seinem Einsatz und das Fehlen notwendiger wissenschaftlicher Untersuchungen eklatant.

3.1 Aktivierungsfunktion

Von ihrem Approximationspotential sind die Logistische Funktion und der Tangens Hyperbolicus als Aktivierungsfunktion für die verborgenen Neuronen als absolut gleichwertig zu verstehen. Laut Literatur bietet der Tangens Hyperbolicus als nichtlineare Basisfunktion zwei Vorteile bezüglich des Trainingsprozesses.

Erstens, initialisiert man die Gewichte mit kleinen Werten, so hat man in der Startphase des Lernens ein lineares System vorliegen, da diese Funktion für kleine Werte (die Inputwerte sollten ja aufgrund der empfohlenen Transformationen ebenfalls klein sein) näherungsweise mit der Identität übereinstimmt. In den ersten Iterationsschritten hat das Netz dann nur ein lineares Modell zu optimieren, d.h. die Probleme mit Nebenminima treten erst bei größeren Gewichten auf.

Zweitens, benutzt man den Tangens Hyperbolicus, so erhält man in beiden Sättigungsbereichen des Neurons einen Lernimpuls.[17] Dies führt zu einem effizienteren Ablauf des Trainings. „Empirically, it is often found that '*tanh*' activation functions give rise to faster convergence of training algorithms than logistic functions." (Bishop, 1996, Seite 127).

Neben den beiden dargestellten Aktivierungsfunktionen, gibt es noch eine weitere wichtige Klasse von Aktivierungsfunktionen für die verborgenen Neuronen: *Radiale Basisfunktionen*.

---

17 $\frac{\partial E}{\partial w_{ij}^1} = \delta_j^2 \cdot a_i^1$.

Als Radiale Basisfunktion $R(x)$ wird häufig die multidimensionale achsensymmetrische Gaußfunktion verwendet:

$$R_i(x) = exp\left(-\frac{1}{2}\sum_{j=1}^{I}\frac{\left(x_j - \mu_{ij}\right)^2}{\sigma_{ij}^2}\right) \quad i = 1,\ldots,H,$$

wobei I die Dimension des Inputraumes ist, μ_i für den Mittelpunkt bzw. Erwartungswert und σ_{ij} für die Standardabweichungen der i-ten radialen Basisfunktion stehen.

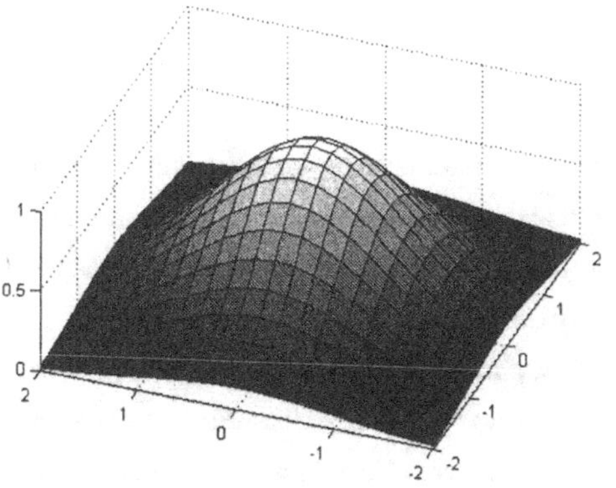

Abbildung 3-1: Zweidimensionale achsensymmetrische Gaußfunktion mit Mittelpunkt (0,0) und Standardabweichung 1 in jeder Richtung des Inputraumes.

Ein Neuronales Netz mit radialen Basisfunktionen besteht aus einer Inputschicht, einer verborgenen Schicht aus H Neuronen mit radialen Basisfunktionen und einer Outputschicht mit linearen Aktivierungsfunktionen für die K Outputneuronen. Formal lässt sich diese Topologie anschreiben als

$$y_k = \sum_{i=1}^{H} w_{ik} R_i(x) + w_{0k} \quad \forall k = 1,\ldots,K.$$

Wie für Netze mit einer verborgenen sigmoiden Schicht kann man auch für Netze mit radialen Basisfunktionen (*RBF*) zeigen, dass sie, falls die Form der Basisfunktion einigen schwachen

Annahmen[18] genügt, jede nichtlineare kontinuierliche Funktion beliebig gut approximieren können (Park und Sandberg, 1991; Park und Sandberg, 1993). Die Gaußfunktionen gehören zu der Klasse möglicher Basisfunktionen.

Entscheidet man sich für radiale Basisfunktionen als Aktivierungsfunktionen, so hat dies Konsequenzen auf den Trainingsprozess. Die Parameter eines *RBF*-Netzes sind die Ausgangsgewichte w_{ik}, die Zentren μ_i und die Standardabweichungen σ_{ij} der Basisfunktionen sowie der Bias w_{0k} zum entsprechenden Outputneuron. Für das Lernen der einzelnen Parametertypen wird eine zweigeteilte Strategie verwendet. Zuerst werden die Zentren „geschickt" im Inputraum verteilt. Dann legt man die Weiten so fest, dass sich eine dem Problem angepasste weiche Approximationsfläche ergibt. Die Outputgewichte können mit Hilfe einfacher Algorithmen bestimmt werden, da sie linear in die Netzgleichung eingehen. Für die Positionierung der Zentren bieten sich im Wesentlichen zwei Möglichkeiten an:

- Man verteilt die Zentren gleichmäßig und äquidistant im Inputraum.
- Man verteilt die Zentren der Basisfunktionen entsprechend der Wahrscheinlichkeitsverteilung der Inputs.

Für den letzten Ansatz gibt es verschiedene aus der Statistik bekannte Clusteralgorithmen, die die Verteilung der Inputdaten approximieren wie zum Beispiel der *K*-Means-Clustering-Algorithmus.[19]

Um die Zahl der zu bestimmenden Parameter zu reduzieren, können die Weiten der Basisfunktionen auf einen einheitlichen Wert σ_i festgelegt werden. Moody und Darken (1989) schlugen vor, σ_i gleich dem Abstand zum nächsten Zentrum zu setzen.

Hat man die Zentren und Weiten der Basisfunktionen durch die genannten heuristischen Verfahren initialisiert, kann man alle Parameter mit der Gradientenmethode (Backpropagation-Algorithmus) nachoptimieren, was die Approximation in der Regel verbessert (Neuneier und Tresp, 1994).

Die Anwendungsfelder sind die gleichen wie beim sigmoiden mehrschichtigen Perzeptron. Sowohl für Klassifikations- als auch für Prognoseprobleme kommt diese Modellklasse zum

---

18 $R_i(x)$ müssen Funktionen mit folgenden Eigenschaften sein: ungleich Null, integrierbar, stetig und radialsymmetrisch bezüglich der Euklidschen Norm.

19 *KMC* ist eine iterative Methode zur Minimierung der Summe der euklidschen Abstände von den Zentren zu den ihnen zugeordneten Datenpunkten. Das Lernen erfolgt unüberwacht, gesteuert durch die Verteilung der Inputdaten.

Einsatz. Jüngste Beispiele sind die Einschätzung der Wahrscheinlichkeit für einen Zahlungsausfall von Hypotheken (Episcopos et al., 1998), die Lastvorhersage für Stromnetze (Chang et al., 1998), das Erkennen von Parameterveränderungen in Produktionsprozessen (Chiu, 1998) oder die Prognose von nichtlinearen, nichtstationären Zeitreihen (Yee und Haykin, 1999).

Ein Anwendungsvorteil dieser Topologie liegt in der lokalen Struktur der Basisfunktionen (vgl. auch Abbildung 3-2). Ausreißer im Datenmaterial können eigenständig durch das Netz eingeschlossen werden, dies führt zu einer Verbesserung der Prognosefähigkeit.

3.2 Selektion und Transformation von Inputvariablen

Trotz aller theoretischen Beweise über das Potential der *KNN*, sollte die Auswahl der Inputvariablen Theorie geleitet sein. Es gilt so viele Inputvariablen wie nötig, so wenige wie möglich zu verwenden, da jede zusätzliche Variable die Anzahl der Parameter im Netz erhöht und damit die notwendige Größe des Datensatzes, um Overfitting zu vermeiden, ansteigt. In der Regel stehen praktischen Anwendern in der Ökonomie nur Stichproben in der Größenordnung von 100 bis 2.000 Datensätzen[20] zur Verfügung, was eine Obergrenze für die Parameterzahl erkennen lässt.

In vielen praktischen Anwendungen wird die Relevanz der unabhängigen Variablen für die zu untersuchende Fragestellung mittels linearer Verfahren beurteilt. „We also reduce the number of variables into a manageable size of 20 using ... stepwise discriminant analysis“ (Hongkyu und Han, 1996, Seite 417). Back, Laitinen und Sere (1996a) konnten experimentell zeigen, dass die Selektion von Variablen nicht anhand linearer Verfahren vorgenommen werden darf. Nimmt die schrittweise Diskriminanzanalyse in ihre Analyse Variablen nicht auf, kann aus dieser Tatsache nicht geschlossen werden, dass diese Inputs auch für eine Klassifikations-analyse mit Hilfe der *KNN* unbrauchbar sind. Das Fehlen von linearen Zusammenhängen inkludiert keineswegs das Nicht-Vorhandensein von nichtlinearen Abhängigkeiten.

Im Bereich der Transformation von Inputvariablen sind sich sowohl Theoretiker als auch Anwender einig, dass „... in many practical applications the choice of pre-processing will be one of the most significant factors in determining the performance of the final system.“ (Bishop, 1996, Seite 295). Alle Inputvariablen sind mittels einer Transformation auf einen

[20] 2000 Datensätze entsprechen einer Zeitreihe von knapp unter 40 Jahren bei wöchentlich zur Verfügung stehenden Kennzahlen!

gemeinsamen Wertebereich zu normieren, um äquivalente Größenordnungen zu garantieren, die für eine Gewichtsinitialisierung mit Zufallsgenerator vonnöten sind. Ansonsten müsste bei der Wahl der Anfangsgewichte darauf Rücksicht genommen werden.

West et al. (1997) reduzierten mit Hilfe der Faktorenanalyse die Dimension ihres Inputraumes und konnten damit die Performance ihres Netzes zur Vorhersage von Konsumentenentscheidungen verbessern. Über diese Art der Vorverarbeitung der Daten gibt es in der Literatur aber nur vereinzelte Erfolgsmeldungen.

Zur Beantwortung der Frage, ob nichtlineare Transformationen oder Verknüpfungen von Variablen als zusätzlicher Input einen Einfluss auf die Prognosefähigkeit des Netzes haben, wie dies grundsätzlich bei linearen Verfahren der Fall ist, bzw. ob zur Erhöhung des Potentials der *KNN* derartige Informationen überhaupt von Nutzen sind, erzielte Flake interessante theoretische Erkenntnisse (Flake, 1997). Er konnte zeigen, dass ein Netzwerk als Kombination aus einem mehrschichtigen Perzeptron mit sigmoider Aktivierungsfunktion und einem Netzwerk mit radialen Basisfunktionen arbeiten kann, wenn als Input neben den Variablen selbst (x_i) auch deren Quadrat (x_i^2) verwendet wird (als Aktivierungsfunktion in der verborgenen Schicht muss der Tangens Hyperbolicus gewählt werden). Das Netz wäre dadurch in der Lage, Ausreißer im Inputraum mit Hilfe einzelner Neuronen eigenständig abzukoppeln, sodass diese keinen weiteren globalen Einfluss mehr haben. Es könnte die Vorteile von globalen und lokalen Strukturen nutzen und hätte nur einen Zuwachs der Anzahl der Gewichte proportional zur Inputdimension.

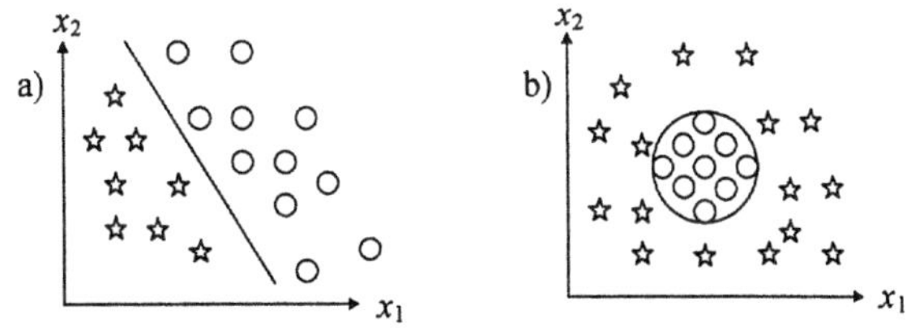

Abbildung 3-2: Verteilung zweier Klassen, gekennzeichnet durch Stern bzw. Ring, im zweidimensionalem Inputraum. a) Globale Struktur. b) Lokale Struktur.

Die Frage der Nutzung von zusätzlichen Inputs in Form von nichtlinearen Transformationen der Inputvariablen wurde bereits früher aufgeworfen. In Bishop (1996) werden derartige Netzwerke als *Netze höherer Ordnung* bezeichnet. Sein Anliegen war es Vorkenntnisse über die Datenstruktur nicht durch das Netz erlernen zu lassen, sondern ihm direkt zur Verfügung zu stellen. Er kam zu der Erkenntnis, wenn die Inputdaten gegenüber Translationen, Rotationen und Skalen invariant sind, dass man dieses Vorwissen in einem Netz dritter Ordnung direkt umsetzen kann. Neben den eigentlichen Inputvariablen x_i erhält das Netz zusätzlich als Input sämtliche Kombinationen von $x_i x_j$ und $x_i x_j x_k$. Die Invarianzeigenschaften werden dann durch bestimmte Restriktionen auf die Parameter erzwungen. Aber er selbst stellte fest, „Although the incorporation of constraints greatly reduces the number of free parameters in higher-order networks, the use of such networks is not widespread.“ (Bishop, 1996, Seite 329).

3.3 Anzahl der verborgenen Neuronen

„Our results do not address the issue of how many units are needed to attain a given degree of approximation.“ (Hornik et al., 1989, Seite 360). Auf die Frage, wie viele verborgene Neuronen für eine erfolgreiche Vorhersage benötigt werden, gibt es bis heute keine wirklich hilfreiche Antwort. Einige Anwender orientieren sich an der „thumb“-Regel von Baily und Thompson, die empfiehlt, dass die Anzahl der verborgenen Neuronen höchstens 75% der Anzahl der Inputneuronen betragen sollte (Baily und Thompson, 1990).

Kuan und Liu waren der Meinung, dass „the determination of network complexity is a model-selection problem.“ (Kuan und Liu, 1995, Seite 352). Sie schlugen zwei Kriterien zur Bestimmung der Anzahl der verborgenen Neuronen vor: das Schwarz-Informationskriterium (*SIC*) und das „Predictive Stochastic Complexity“-Kriterium (*PSC*). Sie verwendeten in ihrer Fallstudie zur Vorhersage von Wechselkursen das *PSC*-Kriterium:

$$PSC = \frac{1}{|T| - P} \sum_{i=t+1}^{|T|} \left(f(x_i, w) - z_i \right)^2 ,$$

wobei $|T|$ die Anzahl der Trainingsdaten und t jene Anzahl der Trainingsdaten kennzeichnet, die zur Bestimmung der Parameter verwendet wurde. $\boldsymbol{w}$ ist ein P-dimensionaler Parametervektor, z_i ist der Zielwert zum Inputdatensatz $\boldsymbol{x}_i$ und $f(\boldsymbol{x}_i, \boldsymbol{w})$ ist der entsprechende Netzoutput. Jenes Modell mit dem kleinsten *PSC* wurde gewählt. Hatten zwei Modelle den gleichen Wert für *PSC*, so verwendeten sie jenes mit weniger verborgenen Neuronen. Sie kamen zu dem Schluss, dass „These results show that different network models perform differently in these series and that the *PSC* criterion is a quite sensible criterion to determine network structures.“ (Kuan und Liu, 1995, Seite 359). Aufgrund der Ergebnisse müssten sie ihre Schlussfolgerungen etwas vorsichtiger ziehen. Denn in nur zwei von fünf untersuchten Zeitreihen konnten sie die Performance der Benchmark-Verfahren, in ihrem Fall waren das *ARIMA* Modelle, übertreffen. Ob die Ursache dafür in den Daten, im Lernverfahren (Sie verwendeten einen eigens konstruierten Algorithmus) oder vielleicht doch am *PSC*-Kriterium lag, ist allein aufgrund dieser Fallstudie nicht zu beantworten.

Swanson und White (1995) versuchten die Anzahl der verborgenen Neuronen mittels des Informationskriteriums von Schwarz zu bestimmen. Das Schwarz Informationskriterium (Schwarz, 1978) lautet:

$$SIC = log\left(s^2\right) + \frac{P \cdot log|T|}{|T|},$$

wobei s^2 der mittlere quadratische Fehler, P die Anzahl der Parameter und $|T|$ die Anzahl der zum Schätzen verwendeten Datensätze ist. Sie berechneten für jedes Netzwerk den Wert dieses Kriteriums und verwendeten jene Architektur mit dem kleinsten *SIC*. Das Kriterium wird mit dem gleichen Datensatz ermittelt, mit dem auch die Parameter geschätzt wurden. Dies hat den Vorteil, dass das Netz sämtliche Trainingsdaten für den Lernprozess zur Verfügung hat. Die Auswahl von Netzarchitekturen mittels *SIC* wird voraussichtlich Modelle mit weniger verborgenen Neuronen bevorzugen, da jeder zusätzliche Parameter den Wert des *SIC* vergrößert. Swanson et al. kamen zum Ergebnis: „Further, model selection based on the in-sample Schwarz information criterion apparently fails to offer a convenient shortcut to true out-of-sample performance measures.“ (Swanson und White, 1995, Seite 265).

3.4 Netzarchitektur

Auch wenn die Topologie fixiert zu sein scheint, da die Wahl auf ein feedforward, vollständig vernetztes *MLP* gefallen ist, bleiben doch noch wichtige Entscheidungen bezüglich der Netzarchitektur für den Anwender zu treffen. Für eine Klassifikationsaufgabe muss die Entscheidung getroffen werden, ob man das Problem mittels eines Regressions- oder mit Hilfe eines wahrscheinlichkeitsbasierten Ansatzes löst. Beide Modellierungsmöglichkeiten sind in der Literatur in Verwendung.

Um die Unterschiede zu erläutern, soll die Aufgabenstellung der Klassifikation von Inputdaten in zwei Gruppen modelliert werden. Beim Regressionsansatz wird für beide Gruppen nur ein Outputneuron verwendet. Gebräuchlich ist die Verwendung der logistischen Funktion als Aktivierungsfunktion des Outputneurons und folgende Entscheidungsregel:

$$\text{Output} \begin{cases} f(x,w) \geq 0 \rightarrow \text{Gruppe 1} \\ f(x,w) < 0 \rightarrow \text{Gruppe 2} \end{cases} .$$

Möchte man nicht nur eine reine Gruppeneinteilung, sondern auch die Information, wie groß die Wahrscheinlichkeit für die vorhergesagte Gruppenzugehörigkeit vom Netz eingeschätzt wird (wie dies auch die Diskriminanzanalyse als Ergebnis liefert), so muss der wahrscheinlichkeitsbasierte Ansatz verwendet werden. Bei dieser Architektur wird für jede Klasse ein eigenes Outputneuron vorgesehen, das als Ergebnis die Wahrscheinlichkeit für die Zugehörigkeit des Inputdatensatzes zu seiner Gruppe vorhersagen soll. Dementsprechend muss der Zielvektor kodiert werden. Gehört zum Beispiel der Inputdatensatz zur Gruppe 1, so lautet der entsprechende Zielvektor für diesen Datensatz (1,0). Mit 100%iger Wahrscheinlichkeit gehört diese Kombination von Inputwerten zur Klasse 1 und mit 0% zur Klasse 2. Analog muss der Zielvektor für die Gruppe 2 kodiert werden. Hat man sich für diese Modellierung entschieden, gilt es die Werte der Outputneuronen, die als Wahrscheinlichkeiten interpretiert werden sollen, auf das Intervall [0,1] zu beschränken. Weiters muss garantiert werden, dass die Summe der Wahrscheinlichkeiten der Outputneuronen nicht größer als 1 ist. Diese beiden Bedingungen können eingehalten werden, wenn für die Outputneuronen eine abgeänderte Form der logistischen Funktion als Aktivierungsfunktion verwendet wird, die unter dem Namen *Softmax-Aktivierungsfunktion* bekannt ist (Bridle, 1990):

$$y_k = \frac{e^{a_k}}{\sum_{k'=1}^{O} e^{a_{k'}}} ,$$

wobei O die Anzahl der Outputneuronen und a_k die Ausgabe des k-ten Outputneurons ist.

Für den Fall von nur zwei Klassen gibt es auch die Möglichkeit, nur ein Outputneuron zur Modellierung der Wahrscheinlichkeit der Zugehörigkeit eines Inputdatensatzes zur Klasse 1 zu verwenden. Automatisch erhält man dann die Wahrscheinlichkeit für die Klasse 2 mit Hilfe der Gegenwahrscheinlichkeit. Für dieses Modell ist die logistische Funktion als Aktivierungsfunktion für das Outputneuron ausreichend.

Neben der Entscheidung für Regressionsansatz bzw. für wahrscheinlichkeitsbasierten Ansatz hat man noch die Wahl, ob man den Outputneuronen im Netz eine lineare Struktur extern hinzufügen will oder nicht. Abbildung 3-3 veranschaulicht graphisch eine Netzarchitektur mit zusätzlicher linearer Struktur.

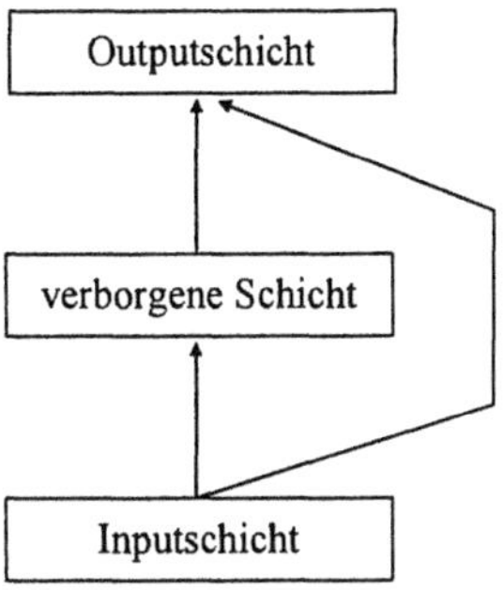

Abbildung 3-3: Netzwerk mit zusätzlicher linearer Struktur.

Dafür, dass für Klassifikationsaufgaben der wahrscheinlichkeitsbasierte Ansatz verwendet werden soll, gibt es vor allem in der theoretischen Literatur Empfehlungen, aber experimentelle Nachweise für die Eignung anhand von praktischen Datensätzen oder eine Gegenüberstellung der konkreten Ausgestaltungsmöglichkeiten und ihrer Performance für bestimmte Aufgaben findet der Anwender nicht, genauso wenig wie für Netzwerke mit und ohne linearer Struktur. In der Mehrzahl der praktischen Klassifikationsaufgaben in der Ökonomie beschränken sich die Anwendungen auf eine Einteilung in nur zwei Gruppen (kreditwürdige Kunden oder nicht, Insolvenz gefährdete Unternehmen oder nicht, usw.). Die im Folgenden zu prüfende Hypothese lautet: der Regressionsansatz und die beiden möglichen wahrscheinlichkeitsbasierten Ansätze liefern für den Fall von zwei Gruppen keine signifikant unterschiedlichen Ergebnisse; aber bei einer größeren Zahl von Klassen ist sehr wohl mit deutlichen Unterschieden in den Performancekennzahlen zu rechnen.

3.5 Fehlerfunktion

Laut *KNN*-Literatur stehen prinzipiell mehrere Fehlerfunktionen für das Training zur Auswahl. Um Kriterien zur Entscheidungshilfe - wie zum Beispiel Eignung von Fehlerfunktionen für bestimmte Fragestellungen (Prognose, Klassifikation) oder unterstellte Annahmen (Normalverteilung) für die zugrunde liegenden Daten aufgrund der Verwendung einer bestimmten Zielfunktion - zu erhalten, kann man die Erkenntnisse aus der Statistik heranziehen. Für die Schätzung der Parameter aus Stichprobenkennwerten ist eine umfangreiche Schätzmethodik bekannt (Johnston und Dinardo, 1997; Sachs, 1974; Bortz, 1993). Von besonderer Wichtigkeit ist die *Maximum-Likelihood-Methode*. Sie ist die universellste Methode zur optimalen Schätzung von unbekannten Parametern. Die Grundidee der Maximum-Likelihood-Methode besteht darin, zunächst eine Annahme über die Wahrscheinlichkeitsverteilung der beobachteten Daten zu machen. Die unbekannten Parameter dieser Wahrscheinlichkeitsverteilung werden dann mit Hilfe der Maximum-Likelihood-Schätzung so bestimmt, dass die Wahrscheinlichkeit für das Auftreten der in einer Stichprobe beobachteten Messungen maximal wird. Dabei trifft man die Annahme, dass die erhobenen Daten $\{x_i, z_i\}$ $(i = 1,\dots,n)$ voneinander unabhängig mit einer identischen Wahrscheinlichkeitsverteilung generiert wurden. Unter dieser Voraussetzung lautet die bedingte Wahrscheinlichkeitsverteilung für die Trainingsdaten $\{(x_1, z_1), (x_2, z_2), \dots, (x_{|T|}, z_{|T|})\}$ wie folgt:

$$L = \prod_{i=1}^{|T|} P(z_i | x_i).$$

Zur einfacheren Optimierung arbeitet man üblicherweise anstatt mit der Likelihood-Funktion mit der logarithmierten Likelihood-Funktion:

$$ln\, L = \sum_{i=1}^{|T|} ln\, P(z_i | x_i).$$

Der Vorteil des Maximum-Likelihood-Verfahrens ist seine universelle Einsetzbarkeit und die statistisch wünschenswerten Eigenschaften der mit Hilfe dieser Methode erhaltenen Schätzer. Im Allgemeinen sind Maximum-Likelihood-Schätzer konsistent[21], haben eine asymptotische Normalverteilung und sind asymptotisch effizient[22]. Wenn für einen Parameter ein erschöp-

21 „Von einem konsistenten Schätzer sprechen wir, wenn sich ein statistischer Kennwert mit wachsendem Stichprobenumfang dem Parameter, den er schätzen soll, nähert." (Bortz, 1993, Seite 94).

22 „Je größer die Varianz der Stichprobenkennwerteverteilung, desto geringer ist die Effizienz des entsprechenden Schätzers." (Bortz, 1993, Seite 94).

fender[23] Schätzer existiert, dann entspricht die nach der Maximum-Likelihood-Methode bestimmte statistische Kenngröße diesem Schätzer.

Die zum Trainieren von *KNN* am häufigsten eingesetzte Fehlerfunktion ist die durchschnittliche Summe der quadrierten Abweichungen. Wie auf den nächsten Seiten deutlich werden wird, ist diese Summe-der-kleinsten-Quadrate-Schätzung ein Spezialfall der sogenannten Maximum-Likelihood-Schätzung. Wenn die gemeinsame Verteilung der Fehler der multivariaten Normalverteilung mit homoskedastischer Varianz[24] entspricht, dann kann die Methode der Summe der quadrierten Abweichungen aus der Maximum-Likelihood-Methode abgeleitet werden. Ist die Annahme der Normalverteilung falsch, so ist diese Art der Schätzung ineffizient. Diese Normalverteilungvoraussetzung widerspricht der oft gemachten Aussage (Church und Curram, 1996), dass bei der Anwendung von *KNN* keinerlei Annahmen über die Verteilung der Daten zu treffen sind.

Um die quadratische Fehlerfunktion herleiten zu können, wird zusätzlich zur Unabhängigkeit der beobachteten Zielwerte die Normalverteilung angenommen. Hier im speziellen soll die Abhängigkeit der Zielvariablen (mit der Dimension K) vom Input durch eine deterministische Funktion sowie einem Rauschen ε vollständig beschrieben werden: $z_k = F_k(\boldsymbol{x}) + \varepsilon_k$, wobei das Rauschen normalverteilt ist mit einem Mittelwert von Null und mit einer Standardabweichung σ, die unabhängig von $\boldsymbol{x}$ und k ist:

$$P(\varepsilon_k) = \frac{1}{\sqrt{2\pi\sigma^2}} e^{-\frac{\varepsilon_k^2}{2\sigma^2}}.$$

Das Neuronale Netz soll den deterministischen Zusammenhang $F_k(\boldsymbol{x})$ mittels $y_k(\boldsymbol{x}, \boldsymbol{w})$ modellieren, wobei $\boldsymbol{w}$ der Parametervektor des Netzes ist. Dann ergibt sich für die bedingte Wahrscheinlichkeitsverteilung:

$$P(z_k|\boldsymbol{x}) = \frac{1}{\sqrt{2\pi\sigma^2}} e^{\frac{(y_k(\boldsymbol{x},\boldsymbol{w}) - z_k)^2}{2\sigma^2}},$$

und für die logarithmierte Likelihoodfunktion:

$$ln\, L = \sum_{i=1}^{|T|}\sum_{k=1}^{|K|} ln\, P(z_{ki}|\boldsymbol{x}_i) = \sum_{i=1}^{|T|}\sum_{k=1}^{|K|} ln \frac{1}{\sqrt{2\pi\sigma^2}} - \frac{1}{2\sigma^2}\sum_{i=1}^{|T|}\sum_{k=1}^{|K|}(y_k(\boldsymbol{x}_i, \boldsymbol{w}) - z_{ki})^2.$$

---

23 „Ein Schätzwert ist exhaustiv oder erschöpfend, wenn er alle in den Daten einer Stichprobe enthaltenen Informationen berücksichtigt, so dass durch Berechnung eines weiteren statistischen Kennwertes keine zusätzliche Information über den zu schätzenden Parameter gewonnen werden kann." (Bortz, 1993, Seite 94).

24 Die Störgröße hat für alle Beobachtungen eine konstante Varianz.

Daraus folgt für die Fehlerfunktion nach Weglassen der bezüglich der Optimierung konstanten Ausdrücke die Quadratische Fehlerfunktion, die bezüglich w minimiert werden soll:

$$E(w)=\sum_{i=1}^{|T|}\sum_{k=1}^{|K|}\left(y_k\left(x_i,w\right)-z_{ki}\right)^2 .$$

Bei der Verwendung der durchschnittlichen Summe der quadrierten Abweichungen als Zielfunktion zur Optimierung des Netzes werden Abweichungen von Ausreißern aufgrund des quadratischen Verhaltens der Fehlerfunktion besonders stark bestraft. Es besteht die Gefahr, dass das Netz gezwungen wird, sich an diese Ausreißer anzupassen, und dass folglich die Generalisierungsfähigkeit des Netzes darunter leidet. Aufgrund dieser Überlegungen wird auch die Möglichkeit der Verwendung der Summe der absoluten Abweichungen (bzw. eine modifizierte Betragsfunktion) als Fehlerfunktion in der Literatur vorgeschlagen:

$$E(w)=\sum_{i=1}^{|T|}\sum_{k=1}^{|K|}\left|y_{ki}\left(x_i,w\right)-z_{ki}\right| .$$

Die Minimierung der absoluten Abweichungen liefert eine konsistente Schätzung für die Parameter, die aber nicht effizient ist. Der Effizienzverlust hält sich jedoch in Grenzen, wenn die Störterme einer Normalverteilung gehorchen (Huber, 1989).

Die Statistik liefert theoretische Anhaltspunkte für die problemoptimale Auswahl von Fehlerfunktionen. Ob und in welcher Größenordnung die Wahl der Fehlerfunktion die Ergebnisse der *MLP*-Modelle bei praktischen Anwendungen verbessern kann, dafür gibt es so gut wie keine experimentellen Dokumentationen, obwohl bei einem Fehlschlagen des Verfahrens oft dieser Punkt als Verbesserungsmöglichkeit gesehen wird. „As our estimations are based on *MSE*[25] minimization, which is not a loss function for sign predictions, it would be very interesting to construct estimation methods based on a suitable loss function and compare the resulting sign prediction results; this is beyond the scope of this paper, however.“ (Kuan und Liu, 1995, Seite 359).

Auch zur Modellierung von Klassifikationsaufgaben wird in den Publikationen die Quadratische Fehlerfunktion verwendet, obwohl die Schätztheorie besser geeignete Methoden zur Verfügung stellen würde. Zur Herleitung der statistisch angemessenen Fehlerfunktion wird zunächst ein Klassifikationsproblem mit nur zwei Klassen betrachtet. Zur Modellierung wird ein Netz mit nur einem Outputneuron verwendet, welches die Wahrscheinlichkeit der Zuge-

[25] Mean Squared Error.

hörigkeit zur Klasse 1 bei gegebenem Inputvektor vorhersagen soll: $y(x,w) = P(\text{Klasse}1|x)$. Unter Verwendung der binären Kodierung ($z = 1$ für die Zugehörigkeit zur Klasse 1 und $z = 0$ für die Zugehörigkeit zur Klasse 2) kann die Wahrscheinlichkeitsverteilung für den Zielwert folgendermaßen angeschrieben werden: $P(z|x) = y^z(1-y)^{1-z}$. Diese Verteilung ist die Bernoulliverteilung, ein Spezialfall der Binomialverteilung. In diesem Fall lautet nun die Likelihoodfunktion für die Trainingsdaten: $L = \prod_{i=1}^{|T|} y_i^{z_i}(1-y_i)^{1-z_i}$. Hieraus ergibt sich als Zielfunktion die Cross-Entropie-Fehlerfunktion:

$$E(w) = -\ln L(w) = -\sum_{i=1}^{|T|}\left[z_i \cdot \ln\left(f(x_i,w)\right) + (1-z_i)\cdot \ln\left(1-f(x_i,w)\right)\right].$$

Auch wenn zur Illustration die Zielwerte binär gewählt wurden, kann gezeigt werden, dass die Cross-Entropie-Fehlerfunktion auch die nach statistischen Kriterien korrekte Fehlerfunktion für eine stetige Zielvariable ist, deren Wertebereich zwischen 0 und 1 liegt und die die Wahrscheinlichkeit wiedergibt, mit der ein bestimmter Inputvektor zur Klasse 1 gehört (Bishop, 1996). Um die Cross-Entropie-Fehlerfunktion auf die oben angeführte Kritik der Anpassung an Ausreißer hin zu analysieren, bezieht man explizit einen Fehlerterm im Netzoutput mit ein ($y_i = z_i + \varepsilon_i$). Die Cross-Entropie-Fehlerfunktion (nach Abzug des minimal möglichen Wertes[26]) lautet dann:

$$E = -\sum_{i=1}^{|T|}\left[z_i \cdot \ln\left(1+\frac{\varepsilon_i}{z_i}\right) + (1-z_i)\cdot \ln\left(1-\frac{\varepsilon_i}{1-z_i}\right)\right].$$

Sie hängt damit vom relativen Fehler des Netzwerkoutputs ab und nicht wie die quadratische Fehlerfunktion vom Quadrat des absoluten Fehlers. Folglich behandelt die Cross-Entropie-Fehlerfunktion kleine und große Abweichungen proportional zu ihrer Größe.

Eine analoge Ableitung für Klassifikationsprobleme mit mehr als zwei Klassen führt zu folgender Fehlerfunktion, die dieselben günstigen Eigenschaften besitzt wie die Cross-Entropie-Funktion für zwei Klassen und die ebenfalls Cross-Entropie genannt wird: $E = -\sum_{i=1}^{|T|}\sum_{k=1}^{|K|} z_{ki} \ln y_{ki}$, wobei K die Anzahl der Klassen und damit die Anzahl der Outputneuro-

---

26 $E_{min} = -\sum_{i=1}^{|T|}\left[z_i \cdot \ln z_i + (1-z_i)\cdot \ln(1-z_i)\right]$.

nen ist. Aus welchen Gründen die aus der Statistik bekannten Fehlerfunktionen experimentell bzw. für praktische Anwendungen nicht genützt werden, muss an dieser Stelle unbeantwortet bleiben.

3.6 Stichprobengröße

Bei der Evaluation von Anwendungen Künstlicher Neuronale Netze besteht das Hauptproblem unter anderem auch darin, dass man eine größere Datenmenge benötigt, um die Trainingsmenge, die Validierungsmenge und die Generalisierungsmenge (vielleicht auch noch eine vierte Datenmenge zur Auswahl der verborgenen Neuronen zum Beispiel nach dem *PSC*-Kriterium) streng getrennt halten zu können. Diese Unterscheidung ist fundamental wie bereits im Kapitel 2.4.2 besprochen wurde. Angaben über die Abhängigkeit der Performancekennzahlen des Netzes bezüglich der zum Training zur Verfügung stehenden Daten werden in der Literatur nicht gemacht. Aussagen über eine Mindestgröße des Stichprobenumfanges, ab der die Performance des Netzes Benchmark-Verfahren übertrifft, sind rar. Untersuchungen hinsichtlich einer Sättigungsmenge, ab der zusätzliche Datensätze keine signifikante Verbesserung der Güte bringen, sind aufgrund der zu kleinen Datenmengen, die in ökonomischen Anwendungsbereichen erhoben werden, nicht möglich. Eine Ausnahme seitens der Theorie bildet eine Abschätzung des notwendigen Stichprobenumfangs für den Trainingsprozess. Diese Faustregel besagt, um einen Anteil von $(1-\varepsilon)$ neuer Inputvektoren unter Verwendung eines Netzwerks mit P Gewichten korrekt zu klassifizieren $(0<\varepsilon<1)$, sind mindestens N_{min} Trainingsdatensätze mit $N_{min} \cong \frac{P}{\varepsilon}$ notwendig (Bishop, 1996). Das heißt, möchte man eine Trefferquote von 90% auf der Generalisierungsmenge erreichen, so benötigt man einen Mindestumfang an Trainingsdaten, der zehn Mal so groß ist wie die Anzahl der verwendeten Gewichte. Von der Anwenderseite gibt Amari (1995) in seinen Untersuchungen an, dass ca. $\frac{1}{\sqrt{2T}}$ Prozent der Lernmenge für die Größe einer Validierungsmenge ausreichen.

Abschätzungen für den notwendigen Stichprobenumfang und anschließende experimentelle Absicherungen wären von großem Nutzen, da sie eine weitere Einschätzung des Leistungsvermögens und der Praktikabilität von *KNN* erst ermöglichen. Liegt die Mindestmenge in einer Größenordnung, die für ökonomische Fragestellungen in der Regel nicht verfügbar ist, so würden die *KNN* allein durch diesen Umstand für den praktischen Einsatz ausscheiden. Derartige Untersuchungen werden in Kapitel 5.4 und 6.3 durchgeführt.

3.7 Variabilität in den Performancekennzahlen

Berechnet man bei einem unterstellten Beispiel einer Klassifikationsaufgabe mit Hilfe der Diskriminanzanalyse die Klassifikationsfunktionen mittels eines Tainingsdatensatzes und beurteilt dann die Schätzung anhand der Trefferquote auf einem unabhängigen Datensatz, so ist das Ergebnis eindeutig und in derselben Größenordnung unter konstant gehaltenen experimentellen Bedingungen reproduzierbar. Da es sich bei den *KNN* um nichtlineare Verfahren handelt, welche mit Hilfe von iterativen Algorithmen optimiert werden, stellt sich die Frage, inwieweit hier eine erreichte Trefferquote reproduzierbar ist. Mit welcher Frequenz tritt ein Ergebnis auf und wie groß ist die Spannweite der Werte der gemessenen Kennzahl. Aus den praktischen Anwendungen in der Literatur bekommt man keine Vorstellung darüber, welchen Schwankungsbreiten die Performancekennzahlen aufgrund der wiederholten Gewichtsinitialisierungen unterliegen. In der Großzahl der Publikationen wird eine einzige erreichte Trefferquote des Netzes angegeben, keinerlei Angaben über die Anzahl der notwendigen Gewichtsinitialisierungen, den Mittelwert, das Maximum/Minimum oder zum Beispiel die Spannweite der Trefferquote. Diese Informationen sind aber wichtig für die Interpretation der Ergebnisse. Wenn es sich bei einer Trefferquote mehr um einen „Zufallstreffer" als um ein Maß für erkannte Zusammenhänge handelt, von welchem Erkenntnisgewinn sind dann die Ergebnisse? Welcher rechentechnische Aufwand muss betrieben werden, um vernünftige Ergebnisse zu erzielen? Wie schneiden die *KNN* bezüglich des Kriteriums „Zeit" bzw. „notwendige Rechnerleistung" im Vergleich zu klassischen statistischen Verfahren ab (Kapitel 4)?

Neben dem Einfluss der Stichprobengröße auf die Performance des Netzes sowie der Beeinträchtigung der Trefferquote durch die zufällige Wahl der Anfangsgewichte gibt es noch einen dritten Faktor für Instabilität: das Ziehen der Stichprobe. Die Abhängigkeit der erreichbaren Qualität der Schätzung der Parameter von der Stichprobe ist keine intrinsische Eigenschaft der *KNN*, vielmehr teilen die Modelle diese Eigenschaft auch mit den klassischen statistischen Verfahren. In der Statistik ist man sich dieser Schwankungen bewusst und versucht durch Angabe eines Konfidenzintervalls die Ergebnisse auf einem Signifikanzniveau abzusichern. Für die praktische Einsetzbarkeit von *KNN* wäre interessant, ob diese Verfahren von der willkürlichen Auswahl der Stichprobe in geringerem Ausmaß betroffen sind als klassische Verfahren. Derartige experimentelle Untersuchungen sind noch nicht veröffentlicht. Aber erste theoretische Ansätze zur statistischen Absicherung der geschätzten Parameter und zur Berechnung von Prognoseintervallen bei Neuronalen Netzen gibt es bereits. Hwang and Ding publizierten 1997 für ein Netzwerk aus drei Schichten mit der logistischen Funktion als Aktivierungsfunktion und der Quadratischen Fehlerfunktion Berechnungsvorschriften zur Ermittlung von Konfidenzintervallen für die Schätzer sowie von Prognoseintervallen für den Netzwerkoutput (Hwang und Ding, 1997). De Veaux et al. (1998) entwickelten diese Kenntnisse weiter und zeigten mit Hilfe von Monte-Carlo Simulationen die Eignung dieser statistischen Abschätzungen unter der Voraussetzung, dass die Fehlerterme normalverteilt sind. Selbstverständlich wurden Vorschläge gemacht, Verfahren auf der Basis von mehrfachen Ziehungen einer Stichprobe aus einer gegebenen Realisierung zu verwenden (Baxt und White, 1995), aber diese Methoden „... suffer major limitations due to the computational demands because they often require months of computer time.“ (De Veaux et al., 1998, Seite 273).

4 *KNN*-Software

Für die Durchführung der Berechnungen standen drei Softwareprogramme zur Verfügung:

- *Neural Connection* von SPSS
- *Neuframe* von Neural Computer Sciences
- *SENN* (*Software Entwicklungsumgebung für Neuronale Netze*) von Siemens München.

Letzteres wurde von der *KNN*-Entwicklungsabteilung der Firma Siemens zu Forschungszwecken unentgeltlich zur Verfügung gestellt. An dieser Stelle möchte ich meinen Dank dafür nochmals aussprechen.

Zur Untersuchung der in den vorangegangenen Kapiteln herausgearbeiteten Fragestellungen muss mit einem Softwareprogramm gearbeitet werden, welches einerseits einen flexiblen Umgang mit den Freiheitsgraden (Fehlerfunktion, Anzahl verborgener Schichten und Neuronen, Aktivierungsfunktionen, Vortransformationen usw.) erlaubt und andererseits sich durch eine hohe Leistungsfähigkeit (effizientes Abtasten der Fehleroberfläche nach Extremstellen, benötigte Rechenzeit usw.) auszeichnet. Alle drei Produkte werden auf diese Anforderungen hin untersucht.[27]

4.1 Software Vergleich bezüglich der Flexibilität

Eine der ersten Entscheidungen, die der Anwender beim Einsatz eines *MLPs* zu treffen hat, ist die Zahl der verborgenen Schichten. Da laut theoretischen Beweisen bereits ein dreischichtiges Perzeptron für die gewünschten Approximationsfähigkeiten ausreicht, gibt es aus theoretischer Sicht keinen Grund, mehr als eine verborgene Schicht zu wählen. Daher ist bei der Software Neural Connection die Limitierung der Anzahl der verborgenen Schichten auf zwei (vgl. Tabelle 4-1) nicht unbedingt eine schwerwiegende Einschränkung der Freiheitsgrade.

Hinsichtlich der Fehlerfunktion allerdings lassen die Softwareprogramme Neural Connection und Neuframe keinerlei Wahlmöglichkeiten zu. Beide verwenden ausschließlich die quadratische Funktion zur Optimierung der Netzwerkparameter. Die Überprüfung des

[27] Da sich diese Arbeit in ihren Untersuchungen auf das mehrschichtige Perzeptron beschränkt, werden andere in den Produkten vorgesehene Topologien in die Betrachtung nicht miteinbezogen.

Einflusses dieses Freiheitsgrades auf die Performance des Netzes kann daher nur mit dem Programm *SENN* erfolgen, da die meisten aus der Statistikliteratur bekannten Fehlerfunktionen in diesem Produkt implementiert sind. Mit Hilfe von *SENN* können mögliche Vorteile bzw. Nachteile der Entropie als Fehlermaß für Klassifikationsaufgaben herausgearbeitet oder die modifizierte Betragsfunktion auf die Vermeidung der Anpassung an Ausreißer getestet werden (vgl. Kapitel 3). Speziell für finanzwirtschaftliche Prognosen (Kauf-/Verkaufsempfehlungen) steht noch eine weitere Fehlerfunktion zur Verfügung, die in Tabelle 4-1 der Vollständigkeit wegen aufgeführt ist.

Arbeitet man mit den Produkten Neural Connection oder Neuframe, so muss man als Netzarchitektur stets ein vollständig vernetztes Perzeptron verwenden, da der Einbau von zusätzlichen linearen Strukturen oder Inputclustern nicht vorgesehen ist.

Im Rahmen von Klassifikationsaufgaben ist die Trefferquote eine geeignete Kennzahl zur Beurteilung der Güte des Netzes bzw. der Vorhersagefähigkeit. Daher ist zu vermuten, dass diese Kennzahl auch ein Ziel führendes Abbruchkriterium für den Trainingsprozess ist.[28] Neuframe lässt aber als Kontrolle des Trainingsverlaufs nur die Wurzel aus der durchschnittlichen Summe der quadrierten Abweichungen sowohl für Prognose- als auch Klassifikationsfragestellungen zu. Im Programm von SPSS hat man für Klassifikationsaufgaben auch die Trefferquote als Kontrollvariable und damit als Gütemaß zur Verfügung. *SENN* bietet die Möglichkeit eine Vielzahl von Kontrollsignalen zu implementieren und parallel zu verfolgen. Aus der Literatur ist bekannt, dass zum Beispiel bei der Klassifikation von Unternehmen in Konkurs gefährdete und nicht Konkurs gefährdete die Fehlklassifikation eines Konkurs gefährdeten Unternehmens kostspieliger ist als umgekehrt (Odom und Sharda, 1990). Daher sollte die Aufmerksamkeit für eine gute Trefferquote vor allem auf diese Klasse gelegt werden, was beim Vergleich der drei Programme nur mit Hilfe von *SENN* möglich ist.

Ein weiterer offensichtlicher Vorteil von *SENN* ist, dass die Software multi-tasking fähig ist und damit unter dem Betriebssystem LINUX mehrere Netzwerke gleichzeitig trainiert werden können (möglicherweise auf Kosten der Geschwindigkeit eines einzelnen Prozesses, aber dazu näheres im nächsten Kapitel).

[28] Im Rahmen dieser Arbeit konnte auch gezeigt werden, dass, wenn man den kleinsten Fehler auf der Validierungsmenge als Maß zum Abbruch verwendet, signifikant schlechtere Trefferquoten auf der Generalisierungsmenge erzielt werden, als wenn die Trefferquote auf der Validierungsmenge als Orientierungshilfe für den Trainingsabbruch dient.

Speziell zwei Fähigkeiten von Neural Connection sind für eine rasche Einschätzung des Potentials eines *KNN*-Ansatzes für den Anwender hilfreich und von Interesse. Zum einen macht das Programm einen Vorschlag für die optimale Anzahl an verborgenen Neuronen, zum anderen bringt die implementierte Trainingsstrategie vor allem bei großen Lerndatenmengen eindeutig Geschwindigkeitsvorteile. Bei allen durchgeführten Experimenten war die von Neural Connection ausgewählte Anzahl von verborgenen Neuronen zwar nicht optimal im Sinne der besten möglichen Trefferquote oder des kleinsten quadratischen Fehlers, aber sie konnte meistens als Anhaltspunkt und Startwert für weitere Untersuchungen für eine optimale Netzwerkstruktur verwendet werden.

Der Trainingsprozess läuft bei dieser Software in vier Stufen ab. Laut Voreinstellung werden von den gesamten Trainingsdatensätzen zuerst zufällig 100, dann 500, dann 1.000 und schließlich alle Daten[29] für die Berechnung des Gradienten verwendet. Diese Vorgehensweise ermöglicht zuerst eine grobe Modellierung der Fehleroberfläche und schrittweise eine immer exaktere. Damit wird rasch nach der zufälligen Anfangsinitialisierung eine gute Ausgangsposition der Gewichte für die Suche nach einem möglichst tiefen Minimum geschaffen, und anschließend wird mit immer feinerer Rasterung und mehr Information die Suche in diese Richtung intensiviert. Diese Trainingsstrategie kann nicht mit Hilfe von Neuframe verfolgt werden. Es ist aber möglich sie in *SENN* mit etwas Aufwand zu implementieren. *SENN* müsste mit 100 Trainingsdaten hochgefahren und trainiert werden, die Gewichte müssten abgespeichert, dann das Programm heruntergefahren und mit der größeren Datenmenge wieder gestartet und erneut trainiert werden.

Bemerkenswert ist die Menge der im *SENN* implementierten Lernverfahren, die alle für bestimmte Situationen geeignet sind. Da man aber bei praktischen Anwendungen nie bereits zu Beginn die Ausformung der Fehleroberfläche kennt und damit nicht in der Lage ist, situativ das beste Lernverfahren zu verwenden, bleibt nur die Möglichkeit des Ausprobierens. Jedoch weckt die große Anzahl an Verfahren die Hoffnung, mit diesen Algorithmen effizienter und erfolgreicher das „globale" Maximum/Minimum zu finden.

Tabelle 4-1 soll einen Überblick über die Ausgestaltung der Freiheitsgrade der drei verwendeten Softwareprogramme geben. Zusammenfassend kann gesagt werden, dass *SENN* weitaus flexibler, mit viel mehr Gestaltungsmöglichkeiten ausgestattet und in dieser Hinsicht geeigneter zur wissenschaftlichen Untersuchung der Eigenschaften Neuronaler Netze und insbesondere zur Überprüfung der in dieser Arbeit zu behandelnden Hypothesen ist. Inwieweit diese Flexibilität von *SENN* ein Vorteil für die Leistungsfähigkeit ist, wird versucht im folgenden Kapitel zu klären.

Freiheitsgrade	*SENN*	NEURAL CONNECTION	NEUFRAME
Version	V3.0 A00	2.0	3.0.0.0
Vortransformation der Inputdaten	Beliebig	Transformation auf [0,1]	Transformation auf [0,1]
Vortransformation der Outputdaten	Beliebig	Transformation auf [0,1]	Transformation auf [0,1]
Aktivierungsfunktion der verborgenen Neuronen	• Tangens Hyperbolicus • Logistische Funktion • Lineare Funktion • *Sin*-Funktion • *Cos*-Funktion • Exponentialfunktion • *Ln*-Funktion	• Tangens Hyperbolicus • Logistische Fkt. • Lineare Fkt.	• Tangens Hyperbolicus • Logistische Fkt. • Lineare Fkt.
Aktivierungsfunktion der Outputschicht	• Tangens Hyperbolicus • Logistische Fkt. • Lineare Fkt. • *Cos*-Funktion • Exponentialfunktion • *Ln*-Funktion • Softmax-Aktivierungsfunktion	Wird vom Programm je nach Zielvariable (numerisch, alphanumerisch) festgelegt.	• Tangens Hyperbolicus • Logistische Fkt. • Lineare Fkt.
Fehlerfunktion	• Quadratische Fkt. • Modifizierte Betragsfunktion • *Ln(cosh(x))* • Entropie • *MaxLik* [30] • *ProfMax* [31]	Quadratische Fkt.	Quadratische Fkt.
Anzahl der verborgenen Schichten	Beliebig	≤2	≤100

[29] Die Quantitäten an Lerndaten in den vier Stufen können beliebig gewählt werden.

[30] Entropie-Fehlerfunktion für mehr als zwei Klassen.

[31] $ProfMax = \sum_i (z_i \cdot y_i)$.

Freiheitsgrade	***SENN***	**NEURAL CONNECTION**	**NEUFRAME**
Anzahl der verborgenen Neuronen	Beliebig	Beliebig oder automatisch	Beliebig oder automatisch ($\leq$ 10.000)
Lernalgorithmen	• Methode des steilsten Abstiegs • Momentum Backpropagation (Lernrate und Momentum-Term frei wählbar) • Konjungiertes Gradientenverfahren • Doppelt Konjungiertes Gradientenverfahren [32] • Vario Eta [33] • BFGS [34]-Quasi-Newton Verfahren [35] • Low-Memory BFGS [36] • Quickpropagation [36]	Momentum Backpropagation (fixe Lernrate und fixer Momentum-Term, 4-Stufen Training)	Momentum Backpropagation (Lernrate und Momentum-Term frei wählbar)

32 Die aktuelle Suchrichtung ist eine Kombination der Suchrichtung des Iterationsschrittes i-1 sowie der Suchrichtung des Iterationsschrittes i-2: $\boldsymbol{d}^i = -\nabla E\left(\boldsymbol{w}^i\right) + \alpha^i \boldsymbol{d}^{i-1} + \beta^i \boldsymbol{d}^{i-2}$, wobei α^i derselbe Koeffizient ist wie beim konjungierten Gradientenverfahren (vgl. Kapitel 3) und für $\beta^i = \dfrac{\nabla E\left(\boldsymbol{w}^i\right)^T \cdot \nabla E\left(\boldsymbol{w}^i\right)}{\nabla E\left(\boldsymbol{w}^i\right)^T \cdot \boldsymbol{d}^{i-2}}$ gilt.

33 Dieses Lernverfahren zeichnet sich durch eine spezielle Berechnung der Lernrate aus und wird im Kapitel 5 näher erläutert.

34 Broyden, Fletcher, Goldfarb, Shanno.

35 Wenn die Fehlerfunktion in jedem Schritt nicht nur durch eine lineare Funktion approximiert wird wie zum Beispiel bei der Methode des steilsten Abstiegs, sondern durch eine quadratische Funktion, so gelangt man zu den so genannten Lernverfahren zweiter Ordnung. Diese quadratische Approximation der Fehlerfunktion erhält man mit Hilfe der Taylorentwicklung zweiter Ordnung. Durch Minimierung bekommt man die Suchrichtung, die neben den partiellen Ableitungen erster Ordnung der Fehlerfunktion auch noch deren partielle Ableitungen zweiter Ordnung enthält. Würde man die Hesse-Matrix exakt berechnen, so spricht man vom Newton-Verfahren. Da aber zweite Ableitungen oft schwierig zu berechnen sind, und die Hesse-Matrix gerade bei Neuronalen Netzen sehr groß werden kann und dementsprechend aufwendig zu invertieren und speichern ist, gibt es viele Methoden, wie die Hesse-Matrix approximiert werden kann. Vom Newton-Verfahren über das BFGS-Quasi-Newton Verfahren hin zum Low-Memory-BFGS bis schlussendlich zum Quickpropagation werden die Approximationen der Hesse-Matrix immer gröber, und damit die Speicherintensität weniger und das Lernverfahren schneller (näheres siehe Rehkugler und Zimmermann, 1994).

Freiheitsgrade	***SENN***	**NEURAL CONNECTION**	**NEUFRAME**
Automatisation des Trainingsabbruchs	• Maximale Epochenzahl erreicht • Fehlermaß auf *T* oder *V* als Abbruchkriterium • Fehler auf *T* oder *V* öfters als eingegebene Epochenzahl angestiegen • Betrag der Differenz des Fehlers auf *V* und *T* überschreitet eingegebenen Wert	• Maximale Epochenzahl erreicht • *RMSE* auf *T* oder auf *V* kleiner als eingegebener Wert • Trefferquote auf *T* oder auf *V* größer als eingegebener Wert	• Maximale Epochenzahl erreicht • *RMSE* [36] auf *T* kleiner als eingegebener Wert • Fehler (*RMSE*) auf *V* öfters als eingegebene Epochenzahl angestiegen
Anzahl der Lerndatensätze	Unbeschränkt	≤ 15.000	Unbeschränkt
Anzahl der Variablen	Unbeschränkt	≤ 750	≤ 10.000
Kennzahlen für Trainingsabbruch	beliebig wählbar	Quadratischer Fehler, Trefferquote	Quadratischer Fehler
Verbindungen	Verbindungen sind frei wählbar	Vollständig vernetzte Struktur	Vollständig vernetzte Struktur
Gewichts-initialisierung	Beliebig, implementiert: gleichverteilt im Intervall [-*m*,*m*], wobei *m* = 5; 1; 0,1; 0,01; 0,001 oder 0,0001	Gleichverteilt: $M \pm m$, wobei *M* und *m* wählbar	Gleichverteilt
Gewichte	Erhältlich	Erhältlich	Erhältlich
Wahrscheinlich-keiten	Erhältlich	Erhältlich	Nicht erhältlich
Verwendetes Betriebssystem	Linux	Windows NT	Windows NT
Software	multi-user und multi-tasking	single-tasking	single-tasking
Verwendete PC-Konfiguration	2 PII 400, Dual-Prozessor System, 512 MByte RAM	1 PII 350 128 MByte RAM	1 PII 350 128 MByte RAM

Tabelle 4-1: Vergleich von *SENN*, Neural Connection und Neuframe bezüglich ihrer Flexibilität.

[36] Root Mean Squared Error.

4.2 Leistungsfähigkeit der Programme

Nachdem aufgezeigt wurde, dass *SENN* das Produkt mit mehr implementierten Wahlmöglichkeiten ist, stellt sich die Frage, inwieweit diese Freiheitsgrade zum Auffinden eines optimalen Netzwerkes geeignet sind oder konkreter:

1. Kann eine bessere Trefferquote erzielt werden?
2. Wie schnell wird das Optimum erreicht?

In den folgenden Kapiteln werden Antworten auf diese Fragen gegeben.

4.2.1 Höhe der Trefferquote

Zuerst wird ein Leistungsvergleich der drei Softwareprogramme bezüglich der erzielbaren Trefferquote durchgeführt. Für diese Aufgabenstellung wird ein künstlich generierter Datensatz mit der Funktionsgleichung

$$f:[0,1]^2 \rightarrow \Re$$

$$f(x_1,x_2) = y = 1,2x_1 + 1,2x_2 + 2x_1x_2 - 2x_1^2 + 2x_2^2 + \frac{x_1}{x_2 + 0,05} + \frac{x_2}{x_1 + 0,05}$$

verwendet, der folgende Vorteile beinhaltet:

1. Es existiert ein eindeutiger nichtlinearer Zusammenhang zwischen den zwei Inputvariablen (x_1, x_2) und der abhängigen Variablen (y).
2. Die Inputvariablen sind auf das Intervall [0,1] beschränkt, damit sind Vortransformationen für die Lernverfahren nicht notwendig.
3. Ein Funktionswert, der kleiner als der Median ist, wird der Klasse 1 zugeordnet; ist der Wert der abhängigen Variablen gleich oder größer als der Medianwert, so gehört der Datensatz in die Klasse 2. Damit handelt es sich um ein Klassifikationsproblem und es wird gewährleistet, dass die beiden Klassen im Verhältnis 1:1 vorhanden sind.
4. Die Diskriminanzanalyse konnte mit 1.000 Trainingsdaten nur 76,6% aller Beobachtungseinheiten korrekt klassifizieren, womit genügend Spielraum für das *MLP* garantiert ist.
5. Der Zusammenhang wurde mit keinerlei Rauschen überlagert, sodass laut theoretischen Beweisen die Höchstgrenze für die Trefferquote des *MLPs* bei 100% liegt.
6. Während des Trainings kann kein Overfitting auftreten, was den Lernprozess vereinfacht.

Mit Hilfe von 1.000 Lerndaten wurde mit den drei Softwareprodukten jeweils ein *MLP* trainiert und anschließend die Quote der richtig klassifizierten Datensätze auf der Generalisierungsmenge mit einem Umfang von 3.000 Datensätzen ermittelt. Trotz Optimierung der verborgenen Neuronen und einer Vielzahl von Trainingsläufen erreichte nur das Softwareprogramm *SENN* (annähernd) die Höchstgrenze mit einer maximalen Trefferquote von 99,27%. Sowohl die Versuche mit Neural Connection (96,0%) als auch mit Neuframe (97,07%) blieben um einige Prozentpunkte darunter. Diese Ergebnisse geben einen ersten Eindruck über die Leistungsfähigkeit der Programme.

Da die Trefferquote nur ein (wenn auch sehr wichtiger) Aspekt der Leistungsfähigkeit der Programme ist und da eine Beurteilung der Qualität der Produkte anhand einer einzigen Stichprobengröße und eines Datensatzes unmöglich ist, wird im folgenden Unterkapitel anhand eines realen und des künstlich generierten Datensatzes die Schnelligkeit und die Trefferquote der drei Softwareprodukte bei unterschiedlichen Stichprobengrößen und unterschiedlich vielen Netzparametern ermittelt.

4.2.2 Schnelligkeit des Trainingsprozesses

Um die Schnelligkeit eines Trainingslaufes beurteilen zu können, müssen zwei Komponenten berücksichtigt werden:

1. die Dauer einer Gewichtsaktualisierung (einer Epoche),
2. die durchschnittliche Anzahl notwendiger Epochen bis zum Trainingsabbruch.

Der Vergleich der drei Programme erfolgt unter Berücksichtigung dieser Komponenten für drei Größenordnungen der Lerndatensätze (100, 1.000 und 10.000) sowie für drei unterschiedliche *MLP*-Topologien, die alle in dieser Arbeit verwendet werden. Die optimale Anzahl der verborgenen Neuronen wurde für alle drei Topologien und jedes Programm bestimmt. Bei allen drei Problemstellungen handelt es sich um ein dreischichtiges Perzeptron mit einer Inputschicht, einer verborgenen Schicht und einer Outputschicht. Die erste Problemstellung untersucht die Effizienz der drei Programme bei der Auffindung eines optimalen Netzwerkes mit zwei Inputneuronen und zwei Outputneuronen für den künstlich generierten Datensatz aus Kapitel 4.2.1. Als zweites Anwendungsbeispiel wird eine Netzarchitektur mit zehn Inputneuronen und nur einem Outputneuron (vgl. Kapitel 5) für den Leistungstest verwendet. Schlussendlich wird die Anzahl der zu bestimmenden Parameter nochmals vergrößert, und die Eignung der Produkte in Hinblick auf das schnelle Auffinden der Extremstelle und die erreichte Trefferquote für eine Topologie mit zehn Inputneuronen und 21 Outputneuronen untersucht (vgl. Kapitel 6). Für die letzten beiden Topologien wird derselbe Datensatz verwendet, aber einmal wird die Klassifikation mit einem Regressionsansatz und einmal mit einem wahrscheinlichkeitsbasierten Ansatz durchgeführt.

Anwendungsbeispiel	Inputs	Outputs	Datensatz	Nähere Beschreibung
1	2	2	Künstl. Datensatz	Kapitel 4.2.1
2	10	1	Vegetationsdaten	Kapitel 5
3	10	21	Vegetationsdaten	Kapitel 6

Tabelle 4-2: Auflistung der Anwendungsbeispiele für den Softwarevergleich.

Die Ergebnisse für die mittlere Lerndatenmenge von 1.000 Datensätzen stehen in Tabelle 4-3. Öfters und über mehrere Epochen wurde die Zeit gemessen und so die durchschnittliche Epochendauer (∅Epochendauer) ermittelt. Zum Beenden des Trainingsprozesses wurde als einheitliches Abbruchkriterium, die doppelte Anzahl an Epochen bis zur optimalen Extremstelle für den jeweiligen Trainingslauf verwendet. Ist das beste Ergebnis zum Beispiel bereits nach 100 Epochen aufgetreten, so wurde das *MLP* noch einmal 100 Epochen trainiert, um einigermaßen sicher zu gehen, dass nicht ein noch besseres Resultat erzielt werden kann. Diese durchschnittliche benötigte Anzahl von Epochen (ΣEpochen) sowie die durchschnittliche Gesamtzeit (≡ ∅Epochendauer • ΣEpochen) und die maximal erzielte Trefferquote sind ebenfalls in Tabelle 4-3 festgehalten.

	Lernmenge: 1.000											
	∅Epochendauer [sec]			Σ Epochen			Max. Trefferquote [%]			∅Gesamtzeit [min]		
	SENN	*NC*	*NF*	*SENN*	*NC*	*NF*	*SENN*	*NC*	*NF*	*SENN*	*NC*	*NF*
1	0,16	0,08	0,02	742	796	4601	99,27	96,00	97,07	1,98	1,06	1,53
2	0,14	0,13	0,05	3884	672	1366	78,93	56,10	49,56	9,06	1,46	1,14
3	2,78	1,22	0,13	130	299	1945	84,63	82,63	76,33	6,02	6,08	4,21

Tabelle 4-3: Leistungsvergleich der drei Softwareprodukte *SENN*, Neural Connection (*NC*) und Neuframe (*NF*) für eine Lerndatenmenge von 1.000 Datensätzen.

Beim künstlich generierten Datensatz spricht die erzielte Trefferquote für *SENN*, aber der zeitliche Aspekt eindeutig gegen dieses Produkt. In diesem Fall kann *SENN* aber seine etwas längere Epochendauer durch die Umstände wettmachen, dass die Software multi-tasking fähig ist und zwei Prozesse unter dem Betriebssystem LINUX auf der Dual-Prozessor-Maschine dieselbe Zeit wie ein einzelner Lauf benötigen.

Für das Trainieren des Netzwerkes zur Lösung der dritten Problemstellung im Vergleich zur zweiten hat sich bei *SENN* die Epochenzeit um den Faktor 20 erhöht, da aber im Gegenzug die notwendige Anzahl der Epochen bis zum Trainingsabbruch um den Faktor 30 gesunken ist, ergibt sich insgesamt eine geringere Rechenzeit für den wahrscheinlichkeitsbasierten Ansatz bei *SENN*. Dies ist nicht der Fall bei den beiden anderen Produkten.
Beim Trainieren des Regressionsansatzes sind die beiden Softwareprodukte Neuframe und Neural Connection mehr als sechs Mal so schnell als *SENN*, aber die Trefferquote ist weitaus geringer,[37] sodass in diesem Fall eindeutig *SENN* der Vorzug gegeben werden muss.

Auch bei der Topologie mit 21 Outputneuronen muss auf den Zeitgewinn durch Neuframe wegen der schlechten Trefferquote verzichtet werden. Nicht so eindeutig sind die Ergebnisse im Vergleich von Neural Connection mit *SENN*. Bezüglich der Rechenzeit liegen beide Produkte in einem vergleichbaren Bereich. *SENN* kommt zu gute, dass das Programm multitasking fähig ist und damit unter dem Betriebssystem LINUX mehrere Trainingsprozesse parallel laufen können. Da es sich bei der verwendeten Hardware um eine Dual-Prozessor-Maschine handelt, können zwei Prozesse in derselben Zeit trainiert werden.

Bezüglich der maximal erzielten Trefferquote liegt *SENN* um 2% höher als Neural Connection. Folglich sieht es so aus, als ob *SENN* am besten geeignet zur Lösung der Aufgabe sei. Für eine endgültige Entscheidung muss aber noch die Spannweite der erzielten Trefferquoten berücksichtigt werden. Von 20 Trainingsläufen wurde bei vier Läufen[38] eine Trefferquote erzielt, die unter der maximalen von Neural Connection liegt, wobei die geringste einen Wert von 82,41% hat. Aufgrund der vierstufigen Trainingsstrategie von Neural Connection und der garantierten Abstiegsrichtung im Lernverfahren kann die Spannweite für die Trefferquote geringer gehalten werden, und es liegt eine größere Konstanz in den Ergebnissen. Das Minimum bei den Trainingsläufen mit Neural Connection beträgt 81,57%. Bei 20 Trainingsläufen erzielte der Lernalgorithmus sieben Mal die höchste Trefferquote bzw. konvergierte zur gleichen Extremstelle. Die Resultate sind nicht so eindeutig, aber sie sprechen doch für das Softwareprogramm *SENN*.

[37] Selbst die kleinste von *SENN* erzielte Trefferquote liegt immer noch bei 75,01%.
[38] Die Werte dieser Trefferquoten sind: 82,41%, 82,43%, 82,52% und 82,58%.

Zusammenfassend muss festgehalten werden, dass für eine Lerndatenmenge von 1.000 Datensätzen *SENN* eine bessere Trefferquote erzielen kann als Neuframe und Neural Connection, allerdings auf Kosten der Zeit.

Um über die Eignung von *SENN* Aussagen treffen zu können, die etwas unabhängiger von der Stichprobengröße sind, soll noch für zwei weitere Stichprobengrößen eine analoge Untersuchung durchgeführt werden. Zur Abdeckung eines möglichst großen Bereiches werden zuerst eine sehr kleine Datenmenge (100 Datensätze) und anschließend eine sehr große (10.000 Datensätze) verwendet. Bei der großen Stichprobe entfällt die Untersuchung für den künstlich generierten Datensatz, da keine zusätzlichen interessanten Einsichten zu erwarten sind.

Lernmenge: 100												
	ØEpochendauer [sec]			Σ Epochen			Max. Trefferquote [%]			ØGesamtzeit [min]		
	SENN	*NC*	*NF*	*SENN*	*NC*	*NF*	*SENN*	*NC*	*NF*	*SENN*	*NC*	*NF*
1	0,07	0,07	0,01	1624	48	17906	96,87	90,07	96,24	1,89	0,06	2,98
2	0,04	0,04	0,01	3526	856	5428	72,94	54,53	43,05	2,35	0,57	0,90
3	0,36	0,19	0,02	482	276	3252	76,51	76,30	64,25	2,89	0,87	1,08

Tabelle 4-4: Leistungsvergleich der drei Softwareprodukte *SENN*, Neural Connection (*NC*) und Neuframe (*NF*) für eine Lerndatenmenge von 100 Datensätzen.

Die erste Aufgabenstellung löst auch bei nur 100 Lerndatensätzen das Softwareprogramm *SENN* am besten, knapp gefolgt von Neuframe und weit abgeschlagen bleibt Neural Connection mit acht Prozentpunkten hinter *SENN*.

Wiederum sehr deutlich ist die Überlegenheit der Performance von *SENN* beim Regressionsansatz. Die kleinste Trefferquote, die *SENN* in diesem Anwendungsbeispiel erzielte, lag bei 64,9% und damit mindestens zehn Prozentpunkte über den Trefferquoten der Konkurrenzprodukte. Der Zeitgewinn bei Verwendung von Neuframe oder Neural Connection ist hier von keinerlei praktischem Nutzen.

Beim wahrscheinlichkeitsbasierten Ansatz und einer Stichprobengröße von 100 Datensätzen erreicht Neuframe nicht annähernd die Trefferquoten der beiden anderen Produkte und ist daher für den Einsatz uninteressant. *SENN* und Neural Connection liegen bezüglich der erreichten Trefferquote gleich auf, nur bezüglich der durchschnittlichen Gesamtzeit eines Trainingslaufs hat Neural Connection einen leichten Vorsprung.

Lernmenge: 10.000												
	ØEpochendauer [sec]			Σ Epochen			Max. Trefferquote [%]			ØGesamtzeit [h]		
	SENN	*NC*	*NF*	*SENN*	*NC*	*NF*	*SENN*	*NC*	*NF*	*SENN*	*NC*	*NF*
2	108	8,11	0,26	364	9802	1852	81,22	69,40	55,44	10,92	22,08	0,13
3	30,1	19,36	1,25	1036	3810	4272	86,45	85,50	82,54	8,66	20,49	1,48

Tabelle 4-5: Leistungsvergleich der drei Softwareprodukte *SENN*, Neural Connection (*NC*) und Neuframe (*NF*) für eine Lerndatenmenge von 10.000 Datensätzen.

Auch für sehr große Stichprobengrößen übertrifft *SENN* beim zweiten Anwendungsbeispiel bei weitem die beiden anderen Produkte und geht als Sieger vom Platz (Tabelle 4-5).

Den Umgang mit sehr großen Datenmengen bewältigt *SENN* sowohl laut erzielter Trefferquote als auch zeitmäßig besser. Beeindruckend ist die in der Tabelle notierte geringe durchschnittliche Zeit für einen Trainingslauf von Neuframe. Hier muss allerdings festgehalten werden, dass das Programm nur nach ca. jeder neunten Gewichtsinitialisierung einen Wert für die optimalen Parameter ermittelte, die anderen Male kam nach einer ähnlich langen Trainingszeit eine Fehlermeldung und die Aufforderung, neu zu initialisieren.

Summa summarum kommt für die weiteren Untersuchungen Neuframe nicht in Frage. Da *SENN* bei allen Stichprobengrößen (knapp) besser war als Neural Connection, der längere Rechenaufwand aufgrund der multi-tasking Fähigkeit dieses Programms ausgeglichen werden konnte und viel mehr bereits implementierte Wahlmöglichkeiten für die Fixierung der Freiheitsgrade zur Verfügung stehen, wird im Folgenden das Softwareprodukt *SENN* verwendet; allerdings werden stets zur Kontrolle die Berechnungen auch mittels Neural Connection durchgeführt.

Bei der Zeitkalkulation ist zu berücksichtigen, dass die in den Tabellen angeführte durchschnittliche Gesamtzeit die **reine Trainingszeit eines einzigen Laufs** beinhaltet und keinerlei Zeitaufwand für das Einlesen der Daten, für die Parametereinstellungen, für die Gewichtsinitialisierungen an sich und vor allem für das Generalisieren und Berechnen der Performancewerte des Netzes berücksichtigt.

5 Klassifikation mit Hilfe des Regressionsansatzes

Auf der Grundlage einer Fallstudie sollen in diesem Kapitel Hypothesen zu den folgenden, für den Einsatz von Künstlichen Neuronalen Netzen wichtigen Fragen abgeleitet werden:

1. Wie gut arbeiten *KNN* (nichtlineare) Zusammenhänge heraus, wenn sie (fast) unbeschränkt Trainingsdaten zur Verfügung haben, und führt dies zu quantitativer Überlegenheit gegenüber klassischen (linearen) Ansätzen? Sind die erzielten Ergebnisse interpretierbar und die Vorgehensweisen begründbar oder stimmt der Vorwurf, Künstliche Neuronale Netze seien eine „Black-Box" und damit zum theoretischen Erkenntnisgewinn nicht einsetzbar beziehungsweise theorieunfähig?
2. Wie gut können sie spärliche beziehungsweise umfangreiche Informationen nutzen, und wann erreichen sie eine Sättigung hinsichtlich ihrer Prognosequalität?
3. Als iterative Verfahren garantieren die Lernalgorithmen der *KNN* lediglich ein lokales Optimum. Wie stark schwanken die Erfolgsindikatoren (zum Beispiel Trefferquoten oder Fehlermaße) bei unterschiedlichen Ausgangsgewichten sowie bei unterschiedlichen Zufallsstichproben und Stichprobengrößen?

Um die oben angeführten Punkte untersuchen zu können und im Rahmen einer Fallstudie Ergebnisse zu erzielen, die ein Mindestmaß an Übertragbarkeit erwarten lassen, muss der Datensatz der Fallstudie eine Reihe wichtiger Anforderungen erfüllen:

1. Der Datensatz muss einen Umfang aufweisen, der mit Sicherheit über der Sättigungsmenge für das Lernverfahren liegt.
2. Es sollte ein empirisch erhobener und nicht ein künstlich generierter Datensatz sein, um zu vermeiden, dass das Generierungsmodell bewusst oder unbewusst eine besonders „geeignete" Struktur aufweist.
3. Es sollte ein Datensatz sein, zu dem ein bestimmtes theoretisches Basiswissen verfügbar ist, damit die Ergebnisse auch inhaltlich auf Plausibilität überprüft werden können.
4. Es muss ein Problem sein, das hinreichend viele Nichtlinearitäten vermuten lässt, damit die *KNN* ihr Potential zeigen können. Gleichzeitig sollte die Anwendung klassischer linearer Verfahren durch die Struktur der Daten nicht unvernünftig erscheinen.

5. Der Datensatz sollte sowohl unterschiedliche Skalenniveaus als auch unterschiedliche Größenordnungen in den Daten umfassen, um die Invarianz der Verfahren gegenüber solchen Problemen zu testen.

Der im Folgenden beschriebene Datensatz erfüllt diese Voraussetzungen.

5.1 Datensatz

Die Daten wurden im Rahmen des EU-Projektes ECOMONT (ENV4-CT95-0179) zur Untersuchung der ökologischen Effekte von Landschaftsveränderungen, verursacht durch die Land- und Forstwirtschaft, erhoben. Die Datenerhebung erfolgte im Passeiertal in Südtirol (Cernuca et al., 1998). Eine Zielsetzung dieses Projektes ist es, Vegetationsmuster in Abhängigkeit von natürlichen Umweltparametern (zum Beispiel Bodenwasserhaushalt, Bodenstörungen, Meereshöhe, Hangneigung) und menschlichen Einflussfaktoren (zum Beispiel Nutzungsintensität des Waldes, der Weiden und der Mähwiesen) zu modellieren. Dies wurde in einem ersten Ansatz mit Hilfe einer Kombination von *GIS* (geographisches Informationssystem) und Diskriminanzanalyse durchgeführt (Tappeiner et al., 1998). Der dafür entwickelte Datensatz wird auch in der vorliegenden Arbeit verwendet.

Die Kernfrage bei der Vegetationsmodellierung lautet, welche Variablen (Merkmale) sind dafür maßgeblich, dass sich verschiedene Pflanzengesellschaften an einem bestimmten Ort entwickeln und halten können. Um dieser Fragestellung nachgehen zu können, wurden die Vegetationsmuster eines 9 km^2 großen Gebietes in den Alpen mit einer Meereshöhe zwischen 1.300m und 2.300m (Passeiertal: Waltner Mähder, Italien) zur Analyse herangezogen (vgl. Abbildung 5-1).

Das Untersuchungsgebiet wurde in 5m × 5m große Flächenquadrate unterteilt, schlussendlich standen 185.951 Flächenstücke zur Klassifikation zur Verfügung. Es erfolgte eine detaillierte Kartierung der Vegetation im Maßstab 1:5000, wobei insgesamt 21 verschiedene Vegetationsklassen unterschieden wurden (vgl. Abbildung 5-2).

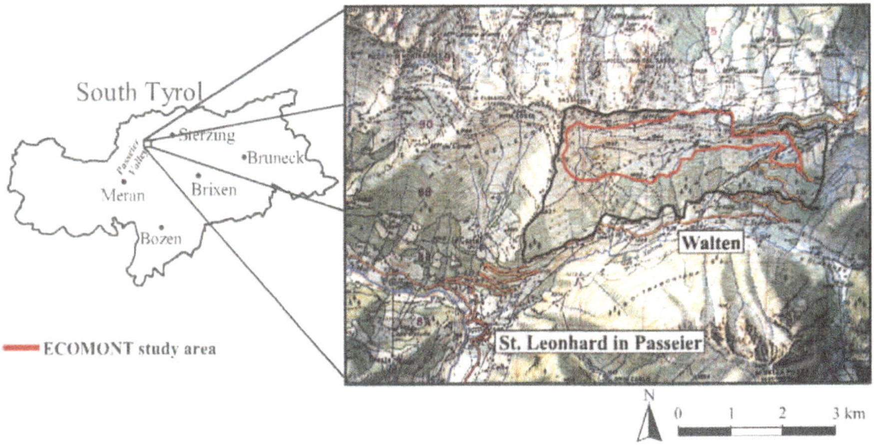

Abbildung 5-1: Geographische Lage des Passeier Tals.

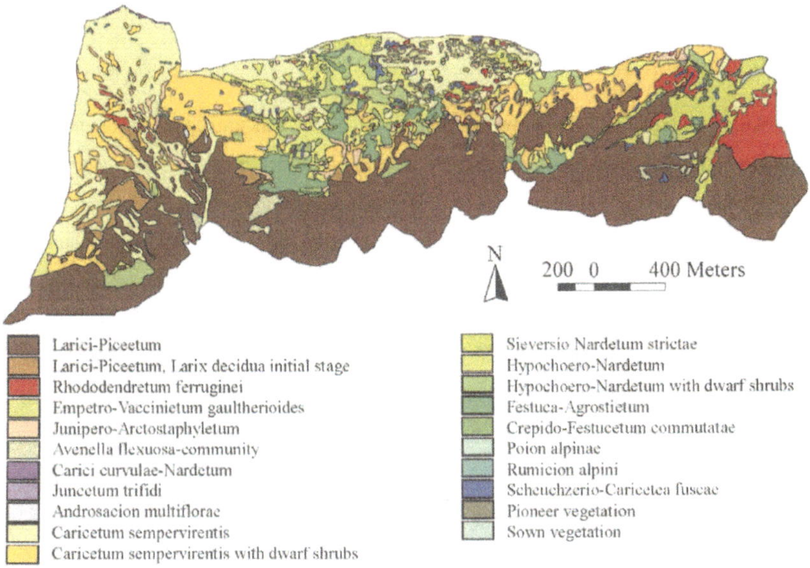

Abbildung 5-2: Geographische Lage der Vegetationsklassen im Untersuchungsgebiet.

Es ergab sich folgende Häufigkeitsverteilung der Vegetationsklassen in der Stichprobe:

Klassen	Häufigkeit	Prozent
1	73.683	39,6
2	2.711	1,5
3	7.851	4,2
4	2.028	1,1
5	4.493	2,4
6	1.704	0,9
7	125	0,1
8	30	
9	321	0,2
10	23.576	12,7
11	32.325	17,4
12	9.614	5,2
13	11.256	6,1
14	8.400	4,5
15	5.311	2,9
16	201	0,1
17	71	
18	144	0,1
19	1.227	0,7
20	751	0,4
21	129	0,1
Gesamt	185.951	100

Tabelle 5-1: Häufigkeitsverteilung der Klassen.

Nach ökologischen Überlegungen wurden die in Frage kommenden Einflussfaktoren auf die Vegetation auf zehn Stück eingegrenzt (vgl. Tabelle 5-1). Merkmale wie die Hangneigung, die Meereshöhe und die Befahrbarkeit des Geländes, um exemplarisch drei zu nennen, sollten die Unterschiede zwischen den 21 Vegetationsklassen[39] im Gebiet der Waltner Mähder - die von Borstgraswiesen über Alpenrosenheide mit Zwergwachholder bis hin zum subalpinen Silikat-Fichtenwald reichen - erklären. Das gesamte Gebiet wurde intensiv abgegangen, um Merkmale vor Ort zu erheben. Für die Beurteilung der Intensität der Landnutzung wurden sämtliche Landbesitzer interviewt, und einige wichtige topographische Umweltparameter sind mit Hilfe eines digitalen Geländemodells und *GIS* (Geographisches Informationssystem) am Computer abgeleitet worden (Ostendorf et al., 1998). Für Details bezüglich der Feldmethoden und der Gewinnung sämtlicher Variablen wird auf Tappeiner et al. (1998) verwiesen. Auf

[39] Eine kurze Beschreibung der Vegetationsklassen findet sich im Anhang A.

diese Weise konnte ein sehr umfangreicher und viel versprechender Datensatz gewonnen werden, der nun sowohl für wissenschaftliche Untersuchungen im Bereich der Ökologie als auch für methodische Fragestellungen im Bereich der Künstlichen Neuronalen Netze zur Verfügung stand.[40]

Zusammenfassend sei noch einmal festgehalten, dass die Datenbasis aus 185.951 Datensätzen besteht, wobei jeder Datensatz einen Vektor mit 11 Komponenten darstellt. Die ersten 10 Komponenten sind die Merkmalsausprägungen der erklärenden Variablen und die elfte die Klassifikationsnummer des entsprechenden Vegetationsmusters (erklärte Variable). Die Merkmale sind teilweise metrisch teilweise ordinal skaliert, stetig oder diskret und ihre Spannweiten sind äußerst unterschiedlich wie die nachfolgende Tabelle erkennen lässt:

Variable	**Skalenniveau**	**Definitionsbereich**
Natürliche Faktoren		
Bodenwasserhaushalt	ordinal	{0,1,2}
Bodenstörungen	ordinal	{0,1,2}
Meereshöhe	metrisch	[1389; 2352]
Hangneigung	metrisch	[0,001; 2,138]
Einstrahlungssumme	metrisch	[566488; 6047480]
Abfluss	metrisch	[1; 30369]
Menschlicher Einfluss		
Nutzungsintensität des Waldes	ordinal	{0;0,1;0,2;1}
Nutzungsintensität der Weiden	ordinal	{0,1,2,3}
Nutzungsintensität der Mähwiesen	ordinal	{0;0,2;0,5;2;3}
Befahrbarkeit des Geländes	metrisch	[0; 0,64]

Tabelle 5-2: Einflussfaktoren auf die Vegetationsmuster.

Zur exakten inhaltlichen Abgrenzung der unabhängigen Variablen sei auf die Arbeit von Tappeiner et al. (1998) hingewiesen.

[40] Ich möchte an dieser Stelle nicht versäumen, dem Institut für Botanik, insbesondere Frau A. Univ.-Prof. Dr. U. Tappeiner und Herrn Dr. E. Tasser, für die Möglichkeit der Analyse der Daten und für die intensive Zusammenarbeit zu danken.

5.2 Festlegung des nichtlinearen Ansatzes

5.2.1 Topologie und Netzspezifikationen

Die Problemstellung der Klassifikation unterschiedlicher Vegetationseinheiten in einem alpinen Gelände aufgrund eines Satzes naturwissenschaftlicher Parameter soll mit Hilfe eines *MLPs* zunächst unter Anwendung des Regressionsansatzes gelöst werden. Dazu wird ein vollständig vernetztes, feedforward, dreischichtiges Perzeptron mit zusätzlicher linearer Struktur verwendet. Die Inputschicht hat pro Variable ein Neuron, dessen Aufgabe es ist, die Information der vor verarbeiteten Variablen in das Netzwerk einzuspeisen. Zum Zwecke der Vorverarbeitung werden alle stetigen Inputvariablen z-standardisiert und sämtliche diskreten auf das Intervall $[0,1]$ transformiert. Selbstverständlich werden für die Transformationen nur Informationen (wie zum Beispiel das arithmetische Mittel oder die Standardabweichung) aus den Lerndaten herangezogen.

Als Aktivierungsfunktion wird für die Input- und Outputschicht die Identität und für die verborgenen Neuronen der Tangens Hyperbolicus gewählt. Es wird ein Output Neuron verwendet, dessen Zielwerte entsprechend der Klassennummerierung ganzzahlig von 1 bis 21 variiert. Da der Wertebereich des Netzes die reellen Zahlen umfasst, wird für eine eindeutige Zuordnung durch das *MLP* folgende Entscheidungsregel gewählt:

Vorhergesagte Klasse = [Netzoutput + 0,5],

wobei die eckigen Klammern für das „Größte Ganze" stehen. Aufgrund dieser Spezifikationen ergibt sich folgende analytische Beschreibung des Netzes:

$$Y : \mathfrak{R}^{10} \times \mathfrak{R}^{P} \rightarrow \mathfrak{R}$$

$$(x,w) \rightarrow Y(x,w) = y = \sum_{i=0}^{10} W_i x_i + \sum_{i=1}^{H} w_i^2 \, tanh\left(\sum_{j=0}^{10} w_{ij}^1 x_j\right).$$

Die erste Summe in der Funktionsgleichung entspricht der linearen Regression mit einer Konstanten (zusätzliche lineare Struktur), der zweite Ausdruck beschreibt das oben spezifizierte Netz mit H verborgenen Neuronen. Jedes verborgene Neuron hat als Eingabe die gewichtete Summe der Inputvariablen plus einer zusätzlichen Konstante, die auch *Bias* genannt wird. Diese zusätzlichen Konstanten sind in der Funktionsgleichung dadurch gekennzeichnet, dass die Summenindizes bei null starten.

5.2.2 Multikollinearität

Ein potentielles Problem, das *KNN* mit den klassischen Verfahren gemeinsam haben, ist die Multikollinearität zwischen den unabhängigen Variablen. Eine geeignete Kennzahl zur Messung von linearen Abhängigkeiten ist die *Toleranz*:

$$\textit{Toleranz} \text{ der Variablen } i = 1 - r_i^2,$$

wobei r_i^2 das Bestimmtheitsmaß für die Regression der unabhängigen Variablen x_i auf die übrigen unabhängigen Variablen in der Regressionsgleichung ist (Backhaus et al., 1996): $x_i = f(x_1, x_2, \ldots, x_{i-1}, x_{i+1}, \ldots, x_{10})$. Lässt sich eine unabhängige Variable als Linearkombination von mehreren anderen Variablen ausdrücken, bekommt man ein Bestimmtheitsmaß von Eins und folglich eine Toleranz von Null. Tabelle 5-3 zeigt die Toleranzwerte für jede unabhängige Variable und weist für den vorliegenden Datensatz keine nennenswerte Multikollinearität der unabhängigen Variablen auf.

Multikollinearitätsdiagnostik	
Unabhängige Variablen	**Toleranz**
Abfluss	0,971
Meereshöhe	0,529
Hangneigung	0,333
Einstrahlungssumme	0,444
Nutzungsintensität der Mähwiesen	0,726
Nutzungsintensität der Weiden	0,626
Nutzungsintensität des Waldes	0,476
Bodenwasserhaushalt	0,949
Bodenstörungen	0,962
Befahrbarkeit des Geländes	0,490

Tabelle 5-3: Multikollinearitätsdiagnose der unabhängigen Variablen.

Die Daten werden stets in disjunkte Trainings-, Validierungs- und Generalisierungsmengen unterteilt, deren Größenordnung je nach untersuchter Fragestellung variiert.

5.2.3 Lernstrategie

Die Gradientenmethode (das Momentum-Gradientenverfahren), das konjungierte Gradientenverfahren sowie ein weiterer Algorithmus[41], entwickelt von Finnoff, Hergert und Zimmer-

[41] Dieser Lernalgorithmus ist in der verwendeten Software *SENN* SIEMENS München implementiert.

mann (1993), werden als Lernverfahren verwendet. Beim letzten Lernalgorithmus wird die Varianz der Ableitungen zur Schrittweitensteuerung benutzt:

$$\eta_i = \frac{1}{\sqrt{\sum_{t=1}^{|T|}\left(\frac{\partial E^t}{\partial w_i} - \bar{E}\right)^2}}, \quad \text{wobei } \bar{E} = \frac{1}{|T|}\sum_{t=1}^{|T|}\frac{\partial E^t}{\partial w_i} \quad \text{und} \quad i = 1,\ldots,P \text{ (Anzahl der Parameter).}$$

Für jedes Gewicht wird die Summe über die Trainingsdatensätze (T) im Nenner unabhängig vom Verhalten des übrigen Netzes gebildet. Wenn die partiellen Ableitungen nach Gewicht i für die Trainingsdatensätze sehr unterschiedlich sind, dann ist die Schrittweite in diese Richtung eher klein. Weisen die Ableitungen für die Trainingsdatensätze hingegen in eine einheitliche Richtung, so wird eine große Schrittweite gewählt. Dieser Lernalgorithmus bewirkt eine effiziente Suche durch ein langes, steilwandiges Tal der Fehleroberfläche. Die Komponenten senkrecht zu den Talwänden fluktuieren sehr stark und werden durch diese Wahl der Lernrate gedämpft. Die Fortbewegung entlang der Talsohle stellt dagegen eine gleichmäßige Bewegung dar, die verstärkt wird (Rehkugler und Zimmermann, 1994).

Zu Beginn des Lernens werden die beschriebenen Lernverfahren in ihrer stochastischen Variante verwendet, um nicht in „kleinen Mulden“ der Fehleroberfläche stecken zu bleiben. Während des gesamten Lernvorgangs wurde die Fehlerentwicklung sowohl auf der Trainings- als auch auf der Validierungsmenge beobachtet. Wenn der Fehler auf der Validierungsmenge entweder „drastisch“ zu steigen beginnt oder die Epochenzahl seit der letzten Änderung des Fehlers sich verdoppelt hat, wird der Lernalgorithmus abgebrochen. Die Gewichte von der höchsten auf der Validierungsmenge erreichten Trefferquote in diesem Durchgang werden verwendet zur Gewichtsinitialisierung für das anschließende Finetuning. Da angenommen werden darf, dass man sich in der Nähe eines Minimums befindet, wird anschließend zur genauen und schnellen Ermittlung der Extremstelle das konjungierte Gradientenverfahren eingesetzt.

5.3 Leistungsfähigkeit

5.3.1 Trefferquote

Das erste Experiment soll eine Vorstellung der Leistungsfähigkeit des *MLPs* auf der Basis einer umfassenden Trainings- und Validierungsmenge geben. Trainings- und Validierungsmenge betragen zusammen 18.595 Datensätze. 10% der zum Lernen zur Verfügung stehenden Daten machte die Validierungsmenge[42] aus:

$$|T| = 16.735$$
$$|V| = 1.860$$
$$|G| = 167.356 \quad .$$

Um nicht die Generalisierungsfähigkeit des Netzes aufgrund zu weniger verborgener Neuronen einzuschränken, wurde die Anzahl willkürlich auf 30 festgesetzt. Damit sollte das Netz eine genügend große Zahl an Parametern für die Approximation des funktionalen Zusammenhangs zur Verfügung haben.
Den Anwendungen in der Literatur folgend fiel die Wahl der Fehlerfunktion auf die quadratische Funktion.

Dieser erste Ansatz erbrachte auf der Generalisierungsmenge 65% richtig klassifizierte Beobachtungseinheiten. Zur korrekten Einschätzung dieses Wertes benötigt man Vergleichsmethoden. Bei einer rein zufälligen Einteilung in eine der 21 Klassen könnte man mit einer Trefferquote von ca. 4,8% (1/21) rechnen. Verwendet man zusätzlich die Information aus der bekannten Randverteilung, so erhöht sich der Prozentsatz der richtig klassifizierten Beobachtungseinheiten auf 21,5% ($\frac{1}{N}\sum_{i=1}^{21} n_i^2$, wobei N die Gesamtanzahl der zu klassifizierenden Datensätze und n_i die Anzahl der in Gruppe i vorhandenen Beobachtungseinheiten ist). Da man beim verwendeten Datensatz nicht von einer Gleichverteilung der Klassen sprechen kann (vgl. Tabelle 5-1), könnte man auch die neuen Datensätze der am häufigsten besetzten Gruppe zuordnen und würde mit dieser Entscheidungsregel nochmals eine Erhöhung der Trefferquote auf 39,6% erzielen. Stellt man diese drei Werte dem vom *KNN* erzielten Wert gegenüber, so scheint das Ergebnis des nichtlinearen Ansatzes nicht schlecht zu sein. Zieht man als Benchmark dagegen die Diskriminanzanalyse heran, so wird schnell klar, dass das Ergebnis höchst unbefriedigend ist. Die Diskriminanzanalyse klassifiziert unter den gleichen Bedingungen 78% der Generalisierungsmenge korrekt. Dies zeigt, dass klassische lineare Methoden außerordentlich nützlich zur Abschätzung sind, ob eine nichtlineare Methode mit Sicherheit zusätzliches Erklärungspotential liefert. Im vorliegenden Fall trägt dies dazu bei, die Fixierung der

[42] Diese prozentuelle Aufteilung wurde bei allen Experimenten in dieser Arbeit eingehalten. 10% liegen auch weit über der von Amari postulierten Mindestgrenze (Amari, 1995) und sollten daher für die untersuchten Fragestellungen ausreichend sein.

zahlreichen Freiheitsgrade bei der Ausgestaltung der *KNN* von einer künstlerischen auf eine handwerkliche Basis zu stellen.

Motiviert durch das nachgewiesene Potential wurden neue Gewichtungen verwendet, andere Lernalgorithmen eingesetzt und die Zahl der verborgenen Neuronen mit wenig Erfolg verändert. Ein Freiheitsgrad, der in der Literatur kaum hinterfragt wird, ist die Fehlerfunktion. Dem Mainstream der Publikationen folgend wurde auch im vorliegenden Fall die Quadratische Fehlerfunktion verwendet. Aus der Statistik ist bekannt, dass diese Fehlerfunktion aufgrund ihrer intrinsischen „quadratischen" Eigenschaft die - für eine optimale Generalisierungsfähigkeit unerwünschte - Anpassung an Ausreißer erzwingen kann (vgl. Kapitel 3.5). Deshalb fiel die zweite Wahl auf eine Fehlerfunktion, die in analoger Weise wie die Betragsfunktion die Abweichungen der Outputwerte von den Zielwerten proportional zu ihrer Größe behandelt:

$$E = \sum_{i=1}^{|T|} ln\left(cosh\left(p \cdot \left(y_i - z_i\right)\right)\right),$$

und zum Unterschied zur Betragsfunktion differenzierbar ist. Der Parameter p kontrolliert die Linearität nahe dem Ursprung (Abbildung 5-3).

Mit den neuen experimentellen Gegebenheiten wurde auf der Generalisierungsmenge eine unerwartet hohe Verbesserung der Trefferquote auf 81,6%, und damit signifikant über dem Ergebnis der Diskriminanzanalyse liegend, erreicht. Für alle weiteren Untersuchungen wird aufgrund dieses Befundes die $ln(cosh(x))$-Funktion verwendet. Inwieweit diese Fehlerfunktion für den gewählten Ansatz wirklich brauchbar ist, wird in Kapitel 4.6 noch einmal aufgegriffen und diskutiert.

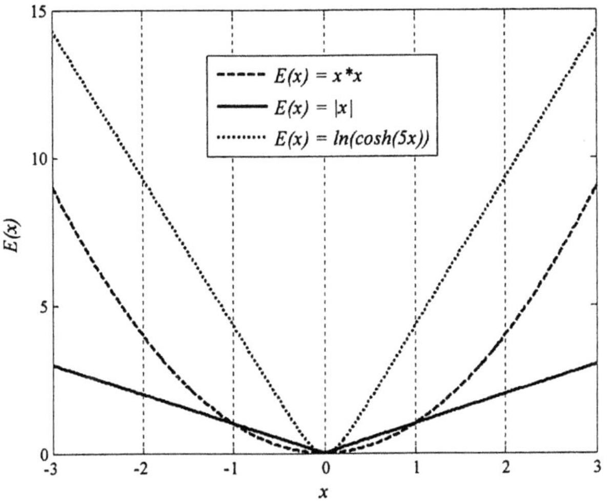

Abbildung 5-3: Vergleich der drei Fehlerfunktionen.

Auf alle Fälle muss an dieser Stelle festgehalten werden, dass durch den Vergleich mit einem linearen Verfahren der Freiheitsgrad der Fehlerfunktion geeignet fixiert werden konnte und dass (zumindest) für diesen nichtlinearen Ansatz die quadratische Funktion nicht die beste Fehlerfunktion ist.

5.3.2 Interpretation der Ergebnisse

Neben der reinen Leistungsfähigkeit, eine hohe Trefferquote zu erzielen, sind vor allem die Interpretationsmöglichkeiten der Ergebnisse von großem Interesse. Mit Hilfe einer Untersuchung der richtig klassifizierten Beobachtungseinheiten in jeder Klasse erhält man interessante Einsichten in die Unterschiede der beiden Verfahren. In Tabelle 5-4 werden folgende Fragestellungen beantwortet:

Spalte 2: Wie viele Beobachtungseinheiten in jeder Klasse werden sowohl von der Diskriminanzanalyse als auch vom *MLP* richtig zugeordnet?

Spalte 3: Welchen Anteil ordnet die Diskriminanzanalyse korrekt zu, bei dem die gewählte Netzstruktur versagt?

Spalte 4: Wie groß ist der Prozentsatz, den nur die *KNN* richtig zuordnen?

Spalte 5: In wie vielen Fällen prognostizieren die beiden Verfahren die gleiche, aber falsche Klasse?

Spalte 6: Wie groß ist der Prozentsatz, bei dem beide Verfahren unterschiedliche und falsche Klassen vorhersagen?

	Trefferquote Diskriminanzanalyse (*DA*) versus *MLP* mit Regressionsansatz				
Klasse	**beide korrekt**	**nur *DA* korrekt**	**nur *MLP* korrekt**	***DA* = *MLP*, aber falsch**	**beide verschieden und falsch**
1	99,5%	0,5%	0,0%	0,0%	0,0%
2	99,3%	0,7%	0,0%	0,0%	0,0%
3	23,0%	4,3%	22,3%	24,7%	25,7%
4	38,6%	8,6%	15,1%	11,6%	26,1%
5	0,0%	0,0%	1,4%	66,6%	31,9%
6	92,1%	3,1%	4,8%	0,0%	0,0%
7	0,8%	56,0%	1,6%	19,2%	22,4%
8	0,0%	100,0%	0,0%	0,0%	0,0%
9	0,0%	16,5%	0,3%	71,7%	11,5%
10	55,6%	5,8%	8,5%	16,9%	13,2%
11	73,0%	8,7%	7,0%	10,2%	1,1%
12	39,7%	11,5%	20,7%	10,7%	17,4%
13	38,5%	3,0%	41,4%	13,3%	3,7%
14	81,0%	1,3%	6,3%	6,5%	5,0%
15	98,5%	0,4%	0,0%	0,7%	0,4%
16	0,0%	0,5%	0,0%	23,4%	76,1%
17	0,0%	50,7%	0,0%	1,4%	47,9%
18	0,0%	86,8%	0,0%	6,3%	6,9%
19	70,7%	7,1%	0,0%	0,0%	22,2%
20	0,0%	0,0%	77,2%	0,0%	22,8%
21	14,7%	52,7%	0,0%	0,0%	32,6%
Alle	**74,2%**	**3,8%**	**7,6%**	**8,5%**	**5,8%**

Tabelle 5-4: Vergleich der Trefferquote erzielt mit Hilfe der Diskriminanzanalyse und des *MLPs* für jede Klasse. Die Summe über die Spalten ergibt 100%.

74,2% aller Fälle wurden von beiden Verfahren korrekt zugeordnet. Besser als die *KNN* bewältigte die Diskriminanzanalyse jene Klassen, für die nur wenige Trainingsdaten zur Verfügung standen. Die Trainingsmenge enthielt für die Vegetationsklassen 8, 17 und 18 weniger als sieben Musterbeispiele und für die Klasse 21 auch nur 14. Bei derartig geringen Beobachtungszahlen ist es nahe liegend, dass die Fähigkeit nichtlineare Zusammenhänge abzubilden kaum zum Tragen kommen kann.

Auf der anderen Seite liegt die Hauptüberlegenheit der *KNN* in den Klassen 3 (1750 Inputdatensätze in dieser Klasse wurden nur mittels nichtlinearem Ansatz richtig klassifiziert), 13

(41,4% entsprechen 4662 nur durch das *MLP* korrekt klassifizierter Fälle) und 20 (77,2% sind absolut 580 richtig zugeordnete Einheiten). Eine Sensitivitätsanalyse für die einzelnen Variablen soll Aufschluss über den Grund geben. Da es sich bei den *KNN* um nichtlineare Verfahren handelt, ist der Einfluss jeder Variablen auf die vorhergesagte Klasse, operationalisiert als partielle Ableitung des Outputs nach der Inputvariablen, keine Konstante. Um trotzdem die Bedeutung jeder Inputvariablen für die Vorhersage abschätzen zu können, wird zur Charakterisierung einer Klasse deren Zentroid[43] verwendet und die partielle Ableitung an dieser Stelle im Inputraum berechnet:

$$\left.\frac{\partial y}{\partial x_i}\right|_{x_{\text{Zentroid der Klasse } k}} = \left[W_i + \sum_{j=1}^{H} w_j^2 \cdot tanh'\left(\sum_{k=1}^{10} w_{kj}^1 x_k\right) \cdot w_{ij}^1\right]_{x_{\text{Zentroid der Klasse } k}} \qquad \forall i = 1,\ldots,10 \ .$$

Führt man die Sensitivitätsanalyse für die einzelnen Variablen durch, so stellt man fest, dass die Inputvariable „Bodenstörung“ für die Klassen 3, 13 und 20 einen besonders hohen Einfluss hat.[44] Gerade diese Variable wird im Rahmen einer stufenweisen[45] Diskriminanzanalyse gar nicht einbezogen. In diesem Fall ist offensichtlich die Nichtlinearität des Zusammenhangs so stark, dass die lineare Approximation durch die Diskriminanzanalyse keinen signifikanten Erklärungsbeitrag leisten kann. Diese Erkenntnis ist ein Beleg dafür, dass die Bedeutung einzelner Variablen für die Erklärung der Zielgröße bei linearen und nichtlinearen Verfahren keinesfalls identisch sein muss. Beim vorliegenden Datensatz hat die Variable „Bodenstörung“ entscheidend zur besseren Trefferquote des *MLPs* gegenüber der Diskriminanzanalyse beigetragen. Daher sollte man bei der Verwendung von klassischen Verfahren nicht leichtfertig von der Abwesenheit eines linearen Einflusses auf die Abwesenheit jeglichen Einflusses einer Variablen schließen. Dies geschieht implizit derzeit noch in vielen publizierten Ergebnissen. Vor allem auch bei einer Reduktion des Inputraumes mit Hilfe von linearen Verfahren (Dasgupta, 1994; Hongkyu und Han, 1996) muss man sich dieser Tatsache bewusst sein und Sorgfalt walten lassen (siehe auch Back et al., 1996b).

Besonderes Interesse gilt auch den fehl klassifizierten Daten. Näher untersucht wurden die Fälle, für die beide Verfahren die gleiche, aber falsche Klasse prognostizierten. Bei Betrachtung der Spalte 5 in Tabelle 5-4 erkennt man deutlich, dass die Klassen 5 und 9 [46] weder von

---

43 Zentroid = Vektor aus den Mittelwerten der Variablen.

44 Alpenrosenheide mit Zwergwacholder (3), Ferkelkraut-Borstgraswiese mit Zwergstrauch (13) und Pionier-Vegetation (20).

45 Signifikanzniveau = 5%.

46 Bärentraubenheiden (5) und Silikatfels-Gesellschaften (9).

der Diskriminanzanalyse noch vom *MLP* hinreichend zufrieden stellend separiert worden sind. Aber mit einem hohen Prozentsatz sagen beide Verfahren die gleiche Klasse vorher (66,6% bzw. 71,7%). Analysiert man zuerst die Fälle in Klasse 5, so stellt man fest, dass 2458 Einheiten (54,7% aller Generalisierungsfälle in der Klasse 5) von beiden Methoden der Klasse 11 zugeordnet werden. Zur Beurteilung der möglichen Ursachen wurde der Zentroid für die falsch klassifizierten Fälle berechnet und mit den Zentroiden der Klasse 5 und 11 verglichen (siehe Tabelle 5-5).

Klasse	Abfluss	Höhe	Hang-neigung	Einstrahlungs-summe	Nutzungs-intensität der Mähwiesen	Nutzungs-intensität der Weiden	Befahrbar-keit des Geländes
5	69,61	1883,40	0,66	5701906	0,02	0,11	0,00
MLP=DA=11	75,31	1862,42	0,78	5536905	0,00	0,00	0,00
11	170,00	1854,37	0,74	5606423	0,00	0,02	0,01

Tabelle 5-5: Vergleich der Zentroide für die Klassen 5 und 11 mit den Variablenmittelwerten jener Fälle, die von den beiden Verfahren anstatt zur Klasse 5 zur Klasse 11 zugeordnet werden. Fehlende Inputvariablen haben gleiche Durchschnitte für die Klassen 5 und 11 sowie für die zu untersuchenden Datensätze.

Außer für die Variablen „Abfluss" und „Befahrbarkeit des Geländes" gehören aufgrund ihrer Mittelwerte der Inputvariablen die fehl klassifizierten Fälle vielmehr in Klasse 11 als in Klasse 5.[47] Dies kann ein Hinweis dafür sein, dass die Flächenquadrate entweder a priori falsch zugeteilt wurden oder dass die ausgewählten Inputvariablen ungeeignet zur Charakterisierung und Abgrenzung der Klasse 5 sind.

Für die Analyse der in Klasse 9 fehl klassifizierten Einheiten (beide Ansätze geben 71,34% in die Klasse 11) reicht der Vergleich der Zentroide alleine nicht aus (siehe Tabelle 5-6). Aufgrund der Ähnlichkeit der Mittelwerte aller Inputvariablen (außer „Höhe"!) zum Zentroiden der Klasse 9 würde man die fehl klassifizierten Flächen sehr wohl zur Klasse 9 zuteilen.

[47] Inhaltlich ist die enge Verwandtschaft der beiden Klassen gegeben, da es sich bei Klasse 5 um Bärentraubenheiden und bei Klasse 11 um Silikat-Horstseggenhalden mit Bärentraube handelt (vgl. die Beschreibung im Anhang A).

Klasse	Abfluss	Höhe	Hang-neigung	Einstrahlungs-summe	Nutzungsintensität der Weiden	Befahrbarkeit des Geländes
9	110,25	1856,36	1,05	4698039	0,00	0,00
MLP=*DA*=11	121,98	1847,96	1,01	4994906	0,00	0,00
11	170,00	1854,37	0,74	5606423	0,02	0,01

Tabelle 5-6: Vergleich der Zentroide für die Klassen 9 und 11 mit den Mittelwerten der Variablen jener Fälle, die von den beiden Verfahren anstatt zur Klasse 9 zur Klasse 11 zugeordnet werden. Die fehlenden Variablen lassen keine Beurteilung zu.

Die Sensitivitätsanalyse zeigt, dass aber genau diese Abweichung der Variablen „Höhe" vom entsprechenden Zentroidenwert der Klasse 9 für diese Fehlklassifikation verantwortlich ist. Das *MLP* trennt die Klassen 9 und 11 vor allem aufgrund der Ausprägung der Variable „Höhe". Dass die „Höhe" die entscheidende Separierungsvariable für den vorliegenden Datensatz ist, lässt sich auch inhaltlich stützen.[48] Damit konnten für diesen Fall die wichtigen Einflussgrößen mit Hilfe des *MLPs* (in Zusammenarbeit mit dem linearen Verfahren) identifiziert werden.

Auch für die falsch zugeordneten Datensätze in den Klassen 10 und 11 waren sich die beiden Verfahren ziemlich einig, welcher Klasse die Fälle zugeordnet werden sollten.[49] Vom linearen als auch nichtlinearen Verfahren wurden 3643 Fälle, die a priori in die Klasse 10 gehören, der Klasse 11 zugeteilt und 2910 Fälle gerade umgekehrt. Alles in allem sind das 3,9% aller Beobachtungseinheiten, die eine genauere Analyse wert sind.

Klasse	Abfluss	Höhe	Hang-neigung	Einstrahlungs-summe	Nutzungsintensität der Weiden	Befahrbarkeit des Geländes
10	67,38	2058,15	0,66	5710964	0,33	0,05
MLP=*DA*=10	45,36	2084,21	0,73	5683183	0,02	0,00
MLP=*DA*=11	96,18	1927,12	0,79	5549835	0,02	0,01
11	170,00	1854,37	0,74	5606423	0,02	0,01

Tabelle 5-7: Vergleich der Zentroide für die Klassen 10 und 11 mit den Mittelwerten der Variablen jener Fälle, die von den beiden Verfahren anstatt zur Klasse 10 zur Klasse 11 und vice versa zugeordnet werden. Die fehlenden Inputvariablen haben bezüglich dieser Betrachtung keinen Erklärungsgehalt.

[48] Inhaltlich ist dieser Einfluss zwar nicht aus ökologischen Gesichtspunkten erklärbar, aber aufgrund markanter Eigenschaften des Untersuchungsgebietes.

[49] Silikat-Horstseggenhalde (10) und Silikat-Horstseggenhalde mit Bärentraube (11).

Um die Gründe für die Missklassifikation jener Fälle, die eigentlich zur Klasse 11 gehören sollten, aber von den Verfahren zur Klasse 10 zugeordnet wurden, herauszufinden, wurde mit Hilfe der Sensitivitätsanalyse und des totalen Differentials die verursachende Variable ermittelt: $\Delta y = \sum_{i=1}^{I} \left. \frac{\partial y}{\partial x_i} \right|_{x_{\text{Zentroid der Klasse 11}}} \cdot \Delta x_i$. Für beide Verfahren wurde die Fehlklassifikation ausgelöst durch die Abweichung der Variable „Höhe“ von ihrem Soll.

Anders liegt die Situation bei den Fällen, die fälschlicherweise zur Klasse 10 statt 11 zugeordnet werden. Hier nennt die Diskriminanzanalyse zwei verantwortliche Variablen, nämlich „Nutzungsintensität der Weiden“ und die „Höhe“. Bereits die Abweichung einer dieser Variablen reicht aus, um die Fälle falsch zu klassifizieren. Beim Netz hingegen stellt man drei wichtige Variable fest: „Nutzungsintensität der Weiden“, „Befahrbarkeit des Geländes“ und „Abfluss“. Obwohl das *MLP* zur selben Fehleinschätzung kommt, sind doch andere Variable und unterschiedliche (nichtlineare) Zusammenhänge zwischen ihnen ausschlaggebend.

Der durchgeführte Vergleich der Diskriminanzanalyse mit dem *MLP* unter Zuhilfenahme der Sensitivitätsanalyse brachte interessante und hilfreiche Einsichten. Es konnten die entscheidenden Variablen sowohl für die höhere Trefferquote des *MLPs* in einzelnen Klassen als auch für manche Fehlklassifikation identifiziert werden. Es wurden Hinweise gefunden, dass das Erklärungspotential aller Inputvariablen nicht zur Separation sämtlicher Klassen ausreicht, dass aber sehr wohl nichtlineare Zusammenhänge zwischen den verwendeten Variablen vom Netzwerk entdeckt wurden.

Da in den praktischen Anwendungen in der Ökonomie selten derartig große Datensätze zur Verfügung stehen, drängt sich die Frage auf, inwieweit die *KNN* diese Größenordnung überhaupt benötigen. Sind sie in der Lage die Performance von linearen Verfahren auch mit Hilfe von wenigen Datensätzen zu übertreffen? Und wenn ja, welchen Mindestumfang an Datenmaterial benötigen sie?

5.4 Einfluss der Stichprobengröße

Da für die folgenden Untersuchungen die zum Lernen zur Verfügung stehenden Daten stark reduziert werden, führt eine Anzahl von 30 verborgenen Neuronen und damit eine Parameterzahl von 321 Gewichten unweigerlich zu Overfitting und das bereits in den ersten Iterationsschritten des Lernalgorithmus, so dass eine vernünftige Ermittlung der Parameter nicht möglich ist. Daher muss für kleine Stichprobengrößen die optimale Zahl der verborgenen Neuronen ermittelt werden, bevor der konkrete Einfluss der Stichprobengröße auf die Performance des Künstlichen Neuronalen Netzes - die Sättigungskurve - bestimmt werden kann.

5.4.1 Bestimmung der optimalen Anzahl verborgener Neuronen

Der Datensatz wird halbiert und die eine Hälfte zur Generalisierung (*G*) verwendet und in Folge auch nicht zur Bestimmung der verborgenen Neuronen herangezogen. Aus der anderen Hälfte werden zufällig Stichproben der Größe 100, 250, 500, 1.000 und 1.500 gezogen. Da für die weiteren Ausführungen in diesem Kapitel nicht die Art und Weise der Bestimmung der Neuronen in der verborgenen Schicht die zentrale Überlegung sein soll, sondern nur garantiert sein muss, dass die optimale Zahl an Parametern dem Netz zur Verfügung gestellt wird, um die Schlussfolgerungen nicht zu verzerren, werden alle anderen Daten zur Fixierung dieses Freiheitsgrades herangezogen (*G*2).

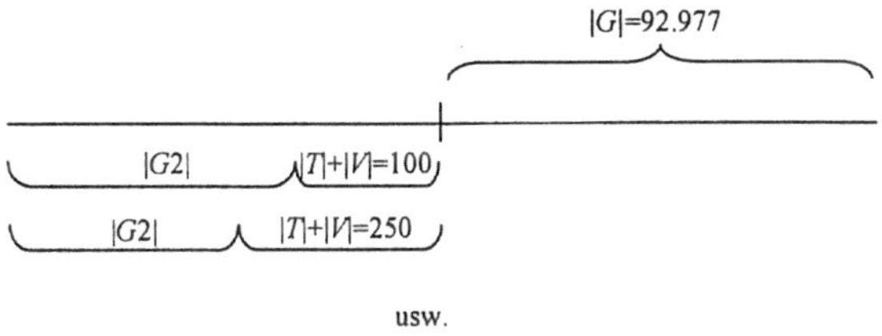

Abbildung 5-4: Ziehen der Stichproben und Wahl der Generalisierungsmenge (*G*2) zur Bestimmung der optimalen Zahl von verborgenen Neuronen.

Das Netz wird für jede Stichprobengröße und unterschiedlich viele verborgene Neuronen trainiert und validiert, und die Trefferquote wird für jede Konstellation auf den restlichen Datensätzen (auf *G*2) berechnet. Die sehr große Menge dieser Daten sollte eine möglichst unverzerrte Schätzung der optimalen Anzahl der verborgenen Neuronen erlauben.

Wie bereits in Kapitel 2.4 theoretisch thematisiert und wie noch in Kapitel 4.5.1 experimentell nachgewiesen wird, ist es nicht sinnvoll, das Netz aufgrund der Abhängigkeit der Performancekennzahl von der Gewichtsinitialisierung nur einmal zu trainieren, daher wurde auch zur Bestimmung der verborgenen Neuronen das Netz mehrmals trainiert (30 Mal für die

Stichprobengröße 100 und 20 Mal für alle anderen untersuchten Stichprobengrößen). Das arithmetische Mittel sowie das Minimum und das Maximum aller erzielten Trefferquoten für alle untersuchten Stichprobengrößen werden als Entscheidungshilfen herangezogen.

|T|+|V|=100, |G2|=92.874	**Zahl verborgener Neuronen**				
Kennzahlen	**1**	**2**	**3**	**4**	**5**
Gewichtsinitialisierungen	30	30	30	30	30
Mittelwert	68,16	68,56	65,00	59,59	58,44
Minimum	63,49	64,90	54,45	55,11	44,28
Maximum	69,94	72,94	72,68	63,83	67,57

Tabelle 5-8: Kennzahlen der Trefferquote erzielt mit 100 Lerndaten in Abhängigkeit der Zahl der verborgenen Neuronen.

Für die Stichprobengröße 100 fällt die Entscheidung auf zwei verborgene Neuronen. Das arithmetische Mittel ist zwar nicht signifikant größer als der Mittelwert des Netzes mit nur einem Neuron, aber die kleinste mögliche Trefferquote liegt um 1% über der des „schlankeren" Netzwerkes. Die beste Trefferquote ist immerhin um 3% größer.

Mit einer analogen Argumentation sind zwei verborgene Neuronen auch optimal für eine Stichprobengröße von 250 Datensätzen. Das bessere Minimum überwiegt das etwas schlechtere Maximum (vgl. Tabelle 5-9) unter der Annahme der MAXIMIN-Strategie des Experimentators.

|T|+|V|=250, |G2|=92.724	**Zahl verborgener Neuronen**			
Kennzahlen	**1**	**2**	**3**	**4**
Gewichtsinitialisierungen	20	20	20	20
Mittelwert	73,93	74,00	72,12	70,53
Minimum	70,84	72,44	68,11	65,64
Maximum	76,75	76,21	76,02	73,50

Tabelle 5-9: Kennzahlen der Trefferquote erzielt mit 250 Lerndaten in Abhängigkeit der Zahl der verborgenen Neuronen.

Eindeutiger ist die Entscheidung bei 500 Lerndaten, da der Mittelwert signifikant[50] größer ist als der Durchschnitt der „benachbarten" Netzwerke. Die beste erzielbare Trefferquote wird ebenfalls mit einem Netz aus zwei verborgenen Neuronen erreicht (vgl. Tabelle 5-10).

$\|T\|+\|V\|=500$, $\|G2\|=92.474$	Zahl verborgener Neuronen			
Kennzahlen	**1**	**2**	**3**	**4**
Gewichtsinitialisierungen	20	20	20	20
Mittelwert	74,98	76,15	75,39	74,71
Minimum	73,05	73,02	70,90	72,55
Maximum	76,72	78,51	77,06	77,04

Tabelle 5-10: Kennzahlen der Trefferquote erzielt mit 500 Lerndaten in Abhängigkeit der Zahl der verborgenen Neuronen.

Die Anzahl der Neuronen in der verborgenen Schicht wird auch bei 1.000 Lerndaten auf zwei fixiert. Bezüglich der Signifikanz[51] des arithmetischen Mittels ist die Entscheidung wiederum eindeutig (vgl. Tabelle 5-11).

$\|T\|+\|V\|=1.000$, $\|G2\|=91.974$	Zahl verborgener Neuronen			
Kennzahlen	**1**	**2**	**3**	**4**
Gewichtsinitialisierungen	20	20	20	20
Mittelwert	76,51	77,33	76,41	76,32
Minimum	75,12	75,01	73,80	74,24
Maximum	77,57	78,93	77,74	79,08

Tabelle 5-11: Kennzahlen der Trefferquote erzielt mit 1.000 Lerndaten in Abhängigkeit der Zahl der verborgenen Neuronen.

An der optimalen Zahl von verborgenen Neuronen ändert sich auch nichts bei 1.500 Lerndaten. Aufgrund der *t*-Tests, durchgeführt auf einem Signifikanzniveau von 5%, fällt die Entscheidung eindeutig zugunsten der durchschnittlichen Trefferquote des Netzes mit zwei verborgenen Neuronen aus. Auch das schlechteste Ergebnis liegt über denen der benachbarten Netze und damit ist die optimale Zahl verborgener Neuronen nach der MAXIMIN-Optimierung ebenfalls zwei (vgl. Tabelle 5-12).

---

50 Der *t*-Test für unabhängige Stichproben fiel beide Male zu Gunsten der einseitigen Alternativhypothese aus (Signifikanzniveau 5%).

51 Der *t*-Test für unabhängige Stichproben fiel beide Male zu Gunsten der Alternativhypothese aus (Signifikanzniveau 1%).

|T|+|V|=1.500, |G2|=91.474	**Zahl verborgener Neuronen**		
Kennzahlen	**1**	**2**	**3**
Gewichtsinitialisierungen	20	20	20
Mittelwert	76,92	77,60	76,31
Minimum	76,08	76,78	72,99
Maximum	77,66	78,28	80,04

Tabelle 5-12: Kennzahlen der Trefferquote erzielt mit 1.500 Lerndaten in Abhängigkeit der Zahl der verborgenen Neuronen.

Die Zahl der Neuronen in der verborgenen Schicht ist bezüglich kleiner Stichprobengrößen konstant. Es scheint die Regel „Weniger ist Mehr" zu gelten. Vor allem bei den kleinen Mengen sinkt die Trefferquote empfindlich, wenn zu viele Parameter gewählt werden.

5.4.2 Sättigungskurve

Aufgrund der umfangreichen Erhebung sind genügend Datensätze vorhanden, um die Abhängigkeit der Trefferquote auf der Generalisierungsmenge von der Menge der für das Lernverfahren verwendeten Daten experimentell zu überprüfen. Der gesamte Datensatz wird dazu wie zuvor halbiert. Eine Hälfte dient als Generalisierungsmenge ($|G|$ = 92.977); aus der anderen Hälfte werden zufällig Stichproben der Größe 100, 250, 500, 1.000, 1.500, 2.000, 3.000, 4.000, 6.000, 10.000, 15.000, 18.595 und 30.000 gezogen und zum Optimieren des Netzes verwendet. Als Benchmark wird unter denselben Bedingungen die Trefferquote mit der Diskriminanzanalyse berechnet.

Für die Stichprobengrößen 100, 250, 500, 1.000, 1.500 und 2.000 wird das Netz 40 Mal initialisiert. In der Graphik der Sättigungskurven (Abbildung 5-5) sind die Durchschnittswerte aufgetragen, wobei jene Trainingsläufe, die offensichtlich in einem schlechten (lokalen) Optimum gelandet sind, nicht mitberücksichtigt wurden.

Um den Rechenaufwand in vertretbaren Grenzen zu halten (vgl. Kapitel 4), kann diese (wünschenswerte) Vorgehensweise nicht für größere Stichprobenumfänge angewendet werden.[52] Daher wird für die restlichen Stichprobengrößen das Training neu gestartet, wenn der Wert auf der Validierungsmenge zu gering im Vergleich zu den vorangegangenen Messungen

[52] Aus den selben Gründen wurde auch für Stichproben größer gleich 2.000 Datensätze die optimale Zahl der verborgenen Neuronen nicht mehr experimentell ermittelt, sondern nur darauf geachtet (Prätest), genügend verborgene Neuronen dem MLP zur Verfügung zu stellen und Overfitting zu früh im Trainingsprozess zu vermeiden.

und damit die Wahrscheinlichkeit groß ist, dass der Lernalgorithmus in einem lokalen Minimum steckt. Auf diese Art und Weise soll eine hohe Trefferquote garantiert und der Zeitaufwand möglichst gering gehalten werden. Die Punkte in der Sättigungskurve des *MLPs* sind folglich für Stichprobengrößen mit mehr als 2.000 Daten keine Durchschnittswerte sondern Einzelwerte der Performancekennzahl. Diese Methodik ist aus zwei Gründen erlaubt:

1. Die Instabilität der untersuchten Performancekennzahl nimmt mit größerem Stichprobenumfang ab (siehe dazu Kapitel 5.4.1).
2. Das Hauptinteresse liegt auf Datenumfängen, die in der Ökonomie realisierbar und damit nicht unbedingt größer als 2.000 Datensätze sind. Daraus ergibt sich die Hoffnung, dass die Mindestgröße der für das *MLP* benötigten Stichprobe in dieser Größenordnung liegt.

Die Sättigungskurven beider Verfahren sind in Abbildung 5-5 dargestellt.

Ab einer Lernmenge von 15.000 Datensätzen scheint das Netz keine weiteren Informationen aus zusätzlichen Trainingsdaten mehr extrahieren zu können und seine Sättigung erreicht zu haben. Dieser optimale Umfang liegt in einer Größenordnung, die üblicherweise in der Praxis nicht zur Verfügung steht. Für Daten basierend auf täglichen Messungen würde dies einer Zeitreihe von mehr als 40 Jahren entsprechen. Dagegen liegt der Umfang der Sättigungsmenge der Diskriminanzanalyse weit unter dem des *MLPs*. Bereits ab 1.000 Trainingssätzen ist keine Steigerung der Trefferquote mehr möglich.

Um die Trefferquote des linearen Verfahrens zu übertreffen, ist im vorliegenden Fall immer noch ein Minimum von 3.000 Beobachtungseinheiten notwendig. Bei geringeren Lernmengen kann man sich einer erfolgreichen Anwendung der nichtlinearen Topologie nicht sicher sein. Diese Ergebnisse sprechen nicht für einen effizienten Einsatz des gewählten Ansatzes in der Praxis, zumindest wenn man auf kleine Stichproben angewiesen ist und wenn noch wenig Kenntnis über die theoretischen Wirkungszusammenhänge existiert, wie zum Beispiel bei makroökonomischen Fragestellungen. „Macroeconomic data are typically sparsely distributed. In the best case (highest frequency) they are available on a monthly basis, which limits the average amount of data available to a few hundreds." (Verkooijen, 1996, Seite 52). Forecasting monthly japanese yen exchange rates (Dematos et al., 1996), predicting consumer choice (West et al., 1997), bank-decision simulations (Witkowska, 1999) or predicting returns on stock and bond indices (Desai und Bharati, 1998) sind Beispiele der zahlreichen Anwendungen von Künstlichen Neuronalen Netzen, die mit wenigen 100 Lerndaten ihr Auskommen finden **müssen** und für die der untersuchte nichtlineare Ansatz die an ihn gestellten Ansprüche nicht erfüllen kann.

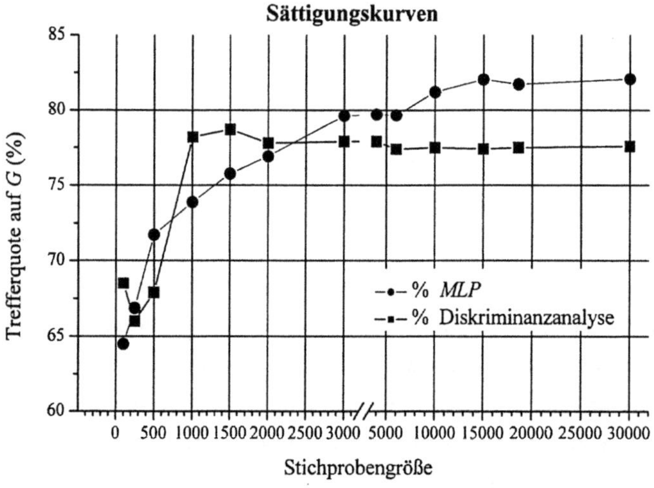

Abbildung 5-5: Sättigungskurven der beiden Verfahren. Zur besseren Lesbarkeit gibt es einen Umbruch der Skala der x-Achse bei $n = 4.000$.

5.5 Stabilität der Performancekennzahl

In diesem Kapitel wird die Stabilität der Ergebnisse für Stichprobengrößen bis $n = 2.000$ untersucht. Dies ist eine Menge, die einerseits eine bestimmte Variabilität der Ergebnisse erwarten lässt und die andererseits oberhalb der Stichprobengröße liegt, die in der weitaus überwiegenden Zahl der Publikationen zu den *KNN*s verwendet wird.

5.5.1 Instabilität aufgrund der Gewichtsinitialisierung

Da iterative Lernmethoden nicht garantieren können, das globale Minimum der Fehlerfunktion zu finden, wird untersucht, wie empfindlich die Trefferquote auf Anfangsinitialisierungen der Gewichte reagiert. Alle Gewichte werden per Zufallsgenerator initialisiert, anschließend wird das Netz optimiert und die Trefferquote auf der Generalisierungsmenge (*G*) berechnet. Dieser Vorgang ist für jede Datenmenge 40 Mal wiederholt worden. Die Ergebnisse für die zufällig gezogenen Stichproben der Größe 100, 250, 500, 1.000 und 2.000 Lerndatensätzen sind in Tabelle 5-13 zusammengefasst. Die Trefferquoten sind in Prozent angegeben:

n	$\bar{x}$	$\hat{\sigma}_{\bar{x}}$	**Median**	**Spannweite**	**Minimum**	**Maximum**	*DA*
100	64,699	0,863	66,525	20,48	52,52	73,00	58,1
250	69,164	0,407	69,020	12,72	60,61	73,33	77,6
500	74,464	0,282	74,540	8,10	69,76	77,86	78,2
1.000	76,587	0,190	76,615	7,09	71,80	78,89	79,7
2.000	76,579	0,197	76,655	5,03	73,74	78,77	78,8

Tabelle 5-13: Instabilität der Trefferquote (in %) aufgrund der Gewichtsinitialisierung für die verschiedenen Stichprobengrößen (*n*). Zur Beurteilung werden das arithmetische Mittel ($\bar{x}$), der Standardfehler ($\hat{\sigma}_{\bar{x}}$), der Median, die Spannweite, das Minimum und das Maximum der Trefferquote angegeben. Als Benchmark dient wiederum die Trefferquote der Diskriminanzanalyse (*DA*).

Zur Verdeutlichung des Ausmaßes dieser Spannweiten wird wiederum das Ergebnis der Diskriminanzanalyse herangezogen. So erreichte die Diskriminanzanalyse zum Beispiel mit denselben 100 Trainingsdaten eine Trefferquote von 58,1%. Im Vergleich bedeutet dieser Prozentsatz, dass man je nach Gewichtsinitialisierung in der Lage ist, mit dem trainierten Netzwerk entweder das klassische Verfahren um ca. 15% zu übertreffen oder der Diskriminanzanalyse um ca. 5% zu unterliegen. Für die anderen vier Stichprobengrößen war die Diskriminanzanalyse besser als das erreichte Maximum des Netzes.

Wie man aus obiger Tabelle erkennen kann, verringert sich die extreme Abhängigkeit von den Ausgangsgewichten mit der Zunahme der Trainingsdaten, was ein Indiz für die Eignung der *KNN* für große Mengen an Trainingsdaten ist.

5.5.2 Instabilität aufgrund der Wahl der Stichprobe

Neben dem Einfluss der Stichprobengröße auf die Performance des Netzes sowie der Beeinträchtigung der Trefferquote durch die zufällige Wahl der Anfangsgewichte gibt es noch einen dritten Faktor für Instabilität: das Ziehen der Stichprobe.

Für jede Stichprobengröße wurden 40 Stichproben zufällig aus einer Hälfte des vollständigen Datensatzes gezogen. Erneut wurden einerseits die linearen Klassifikationsfunktionen berechnet und mit Hilfe dieser die Trefferquoten auf der anderen Hälfte des Datensatzes bestimmt. Andererseits wurde das *KNN* trainiert und damit die Trefferquote ermittelt. Die Lernstrategie zielte wiederum aus rechentechnischen Gründen darauf ab, die möglichst beste Trefferquote pro Stichprobe zu erhalten und dabei den Zeitaufwand zu minimieren.[53]

Die beiden Verfahren zeigten folgendes Stabilitätsverhalten in Abhängigkeit der Stichprobengröße:

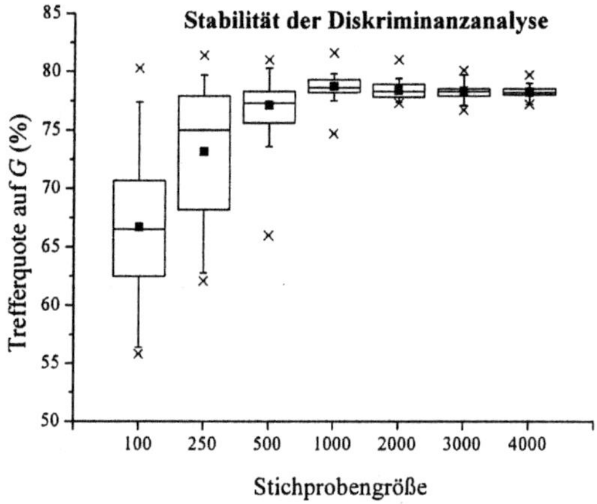

Abbildung 5-6: Box-Plot der Stabilität der Performancekennzahl in Abhängigkeit von verschiedenen Stichproben gleicher Größe für die Diskriminanzanalyse.

[53] Sieben Stichprobengrößen zu je 40 zufällig gewählten Stichproben das ergibt 280 Netzwerke, die trainiert werden müssen. Möchte man dafür jedes Netzwerk nur 20 Mal initialisieren, und rechnet man mit einer durchschnittlichen Trainingszeit von einer halben Stunde pro Netzwerk (vgl. Kapitel 4), so kommt man auf eine Rechenzeit von ca. 4 Monaten!

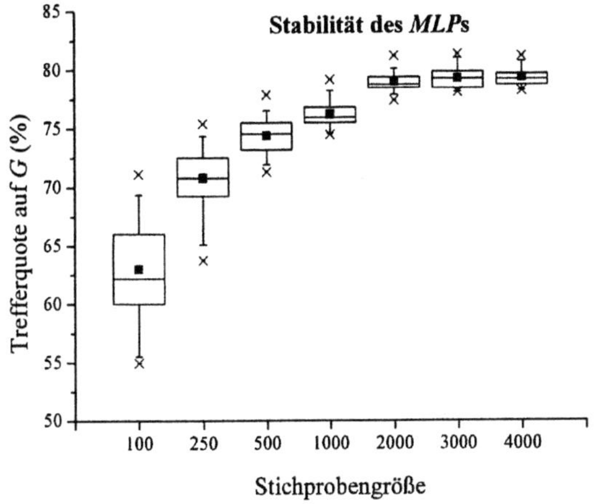

Abbildung 5-7: Box-Plot der Stabilität der Performancekennzahl in Abhängigkeit von verschiedenen Stichproben gleicher Größe für das mehrschichtige Perzeptron.

Für Stichprobengrößen kleiner oder gleich 1.000 Datensätzen ist die Spannweite der Trefferquote des *MLPs* deutlich kleiner als bei der Diskriminanzanalyse. Die höchsten Trefferquoten des nichtlinearen Ansatzes bleiben (weit) unter den jeweiligen Maxima (> 80%) der Diskriminanzanalyse. Sowohl die durchschnittlich erreichte Trefferquote des *MLPs* wie auch der Median der richtig klassifizierten Beobachtungseinheiten sind für diese Stichprobengrößen stets schlechter als die entsprechenden Werte der Diskriminanzanalyse. Wiederum erkennt man, dass die Sättigung der Diskriminanzanalyse bereits bei 1.000 Trainingseinheiten erreicht wird und dass sie bei einer durchschnittlichen Trefferquote von 78% liegt, dass aber das Netz diese Trefferquote im Mittel mit 1.000 Trainingsdatensätzen noch nicht erzielen konnte.

Es wurde für jede Stichprobengröße die Hypothese getestet, ob das Netzwerk schlechter (besser) abgeschnitten hat als das lineare Verfahren. Die Prüfgröße ist normalverteilt und lautet: $z = \frac{\hat{p} - 0.5}{\sqrt{\frac{\hat{p} \cdot (1 - \hat{p})}{n}}}$, wobei $\hat{p}$ der Anteil der Stichproben, für die das *MLP* die Diskriminanzanalyse übertrifft, an allen Stichproben innerhalb einer Größe ist.

Stichprobengröße	Zahl der Stichproben, für die das *MLP* die Diskriminanzanalyse übertrifft		Signifikanz
	Absolutzahl	Prozentsatz	
100	13	32,5%	< 0,01
250	13	32,5%	< 0,01
500	9	22,5%	< 0,01
1000	2	5,0%	< 0,01
2000	31	77,5%	**< 0,01**
3000	36	90,0%	**< 0,01**
4000	39	97,5%	**< 0,01**

Tabelle 5-14: Ab welcher Stichprobengröße übertraf das Netz signifikant die Trefferquote der Diskriminanzanalyse?

Erst ab einer Stichprobengröße von 2.000 ist das *MLP* signifikant besser. Auch diese statistische Überprüfung lässt den Schluss zu, dass für kleine Stichproben die *KNN* der Diskriminanzanalyse unterliegen, und dass das nichtlineare Modell einen bestimmten Mindestumfang an Datensätzen benötigt, um seine Fähigkeiten optimal einsetzen zu können.

Für fast alle praktischen Anwendungen der *KNN* gilt, dass der verfügbare Datensatz als Stichprobe für eine größere Grundgesamtheit angesehen werden kann. Die durchgeführte Sensitivitätsanalyse zeigt, dass sowohl die Trefferquote als auch der Vergleich der Trefferquote mit der Diskriminanzanalyse erheblichen Zufallsschwankungen in Bezug auf die Stichprobenauswahl unterliegt. Nachdem meist nur ein Datensatz vorliegt muss der Charakter der erzielten Trefferquote als Ergebnis eines Zufallsexperimentes zumindest in der Interpretation berücksichtigt werden.

5.6 Einfluss der Fehlerfunktion

Für alle bisherigen Überlegungen wurde als Fehlerfunktion die $ln(cosh(x))$-Funktion verwendet. Ob sie die geeignete Fixierung dieses Freiheitsgrades für alle Stichprobengrößen, insbesondere der in der Ökonomie praktisch relevanten Größen, ist, wird in diesem Kapitel untersucht. Die Eignung der Betragsfunktion, der quadratischen Funktion und der $ln(cosh(x))$-Funktion als Fehlerfunktion für die Stichprobengrößen 250, 500, 1.000, 1.500 und 2.000 wird anhand des Datensatzes überprüft.

	Fehlerfunktion: *E*(*x*)=*ln*(*cosh*(*x*))				
	|*T*|+|*V*|=250	**|*T*|+|*V*|=500**	**|*T*|+|*V*|=1.000**	**|*T*|+|*V*|=1.500**	**|*T*|+|*V*|=2.000**
Gewichtsinitialisierungen	40	40	40	40	40
Mittelwert	66,87	71,74	73,89	75,78	76,92
Standardfehler	0,45	0,42	0,28	0,24	0,19
Median	67,98	72,51	74,02	75,48	77,16
Spannweite	11,54	10,29	8,06	5,38	5,59
Minimum	59,19	65,32	71,06	73,53	73,53
Maximum	70,73	75,61	79,12	78,92	79,12

	Fehlerfunktion: Betragsfunktion				
	|*T*|+|*V*|=250	**|*T*|+|*V*|=500**	**|*T*|+|*V*|=1.000**	**|*T*|+|*V*|=1.500**	**|*T*|+|*V*|=2.000**
Gewichtsinitialisierungen	40	40	40	40	40
Mittelwert	65,29	72,47	73,94	75,66	76,85
Standardfehler	0,53	0,36	0,29	0,24	0,16
Median	65,27	73,39	73,86	75,47	77,11
Spannweite	17,57	10,28	8,10	7,41	4,14
Minimum	55,58	65,25	69,89	71,89	74,22
Maximum	73,15	75,53	77,99	79,29	78,36

	Fehlerfunktion: Quadratische Funktion				
	|*T*|+|*V*|=250	**|*T*|+|*V*|=500**	**|*T*|+|*V*|=1.000**	**|*T*|+|*V*|=1.500**	**|*T*|+|*V*|=2.000**
Gewichtsinitialisierungen	40	40	40	40	40
Mittelwert	50,86	59,71	60,91	62,57	62,77
Standardfehler	0,57	0,59	0,55	0,57	0,65
Median	51,56	60,18	61,89	63,17	62,78
Spannweite	21,83	19,42	15,17	15,44	26,06
Minimum	35,11	45,42	51,79	52,61	44,73
Maximum	56,95	64,84	66,96	68,05	70,79

Tabelle 5-15: Abhängigkeit der Trefferquote von der gewählten Fehlerfunktion für die Stichprobengrößen 250, 500, 1.000, 1.500 und 2.000.

Die experimentellen Ergebnisse demonstrieren deutlich die Überlegenheit der „proportionalen“ Fehlerfunktionen gegenüber der quadratischen. In allen angeführten Kennzahlen und für alle Stichprobengrößen unterliegt die Quadratische Fehlerfunktion.

6 Klassifikation mit Hilfe des wahrscheinlichkeitsbasierten Ansatzes

Im vorangegangenen Kapitel diente die Diskriminanzanalyse als Benchmarkverfahren. Dieses Analyseinstrument liefert als Output nicht nur die Klassenzugehörigkeit, sondern auch die Wahrscheinlichkeit, mit der ein Datensatz einer bestimmten Klasse angehört. Diese Wahrscheinlichkeiten konnten mit Hilfe des *MLP*-Regressionsansatzes nicht ermittelt werden. Da die Analyse der Wahrscheinlichkeiten (zum Beispiel: die zweitbeste Klasse) interessante Erkenntnisse für die Interpretation der Ergebnisse erwarten lässt, wird in diesem Kapitel die Klassifikation unterschiedlicher Vegetationseinheiten in einem alpinen Gelände aufgrund zehn naturwissenschaftlicher Parameter (vgl. Kapitel 5.1) mittels wahrscheinlichkeitsbasiertem Ansatz versucht.

Neben den zusätzlichen Interpretationsmöglichkeiten gibt es noch einen weiteren Aspekt, der für diese Art der Netzausgestaltung spricht. Wenn der Output als Wahrscheinlichkeit interpretiert werden soll, muss für jede Klasse (im konkreten Fall: 21 Klassen) ein Outputneuron vorgesehen werden. Damit ergibt sich ein Fehlerrückfluss von 21 Outputneuronen und dieser sollte dem „data hungriness" (Bishop, 1996; Zimmermann und Neuneier, 1999) entgegenwirken. „In most applications of neural networks in financial engineering the number of inputs is huge (of the order of a hundred), but only a single output is used. This situation can be viewed as a large „inverted" funnel; the hard problem is that the only information available for learning is that of a single output. This is one of the reasons for the „data-hungriness" of single-output neural networks." (Zimmermann und Neuneier, 1999, Seite 9). Daher scheint aus diesem Gesichtspunkt der Ansatz viel versprechend zu sein. Er wird ebenfalls auf seine Stärken und Schwächen für umfangreiche aber auch sehr kleine Stichprobengrößen untersucht, und vor allem werden die Unterschiede zum Regressionsansatz sowohl in seiner konkreten Ausgestaltung als auch in den Ergebnissen herausgearbeitet.

6.1 Festlegung des nichtlinearen Ansatzes

Die Problemstellung der nichtlinearen Klassifikation wird mit Hilfe eines *MLPs* unter Anwendung des wahrscheinlichkeitsbasierten Ansatzes gelöst. Dazu wird ein vollständig vernetztes, feedforward, dreischichtiges Perzeptron verwendet. Die Inputschicht hat wiederum pro Variable ein Neuron. Die Vorverarbeitung der Inputvariablen erfolgt analog wie im Kapitel 5. Alle stetigen Inputvariablen werden z-standardisiert und sämtliche diskreten auf das Intervall [0,1] transformiert.

Als Aktivierungsfunktion wird für die Inputschicht die Identität und für die verborgenen Neuronen der Tangens Hyperbolicus gewählt. Es werden entsprechend der Anzahl von Vegetationsklassen 21 Outputneuronen verwendet. Für das Training steht nicht mehr pro Inputdatensatz ein Zielwert zur Verfügung sondern ein Zielvektor mit 21 Komponenten. Der Zielvektor wird so kodiert, dass alle seine Komponenten Null sind und nur jene Komponente, die die entsprechende Klassennummer repräsentiert, eine Eins hat. Folglich ist die Wahrscheinlichkeit für die einem Datensatz a priori zugeordnete Klasse 100%.

Um die Axiome der Wahrscheinlichkeitsrechnung[54] einzuhalten, wird als Aktivierungsfunktion der Outputschicht die Softmax-Aktivierungsfunktion (vgl. Kapitel 3) verwendet. Aufgrund dieser Spezifikationen ergibt sich folgende analytische Beschreibung des Netzes:

$$Y : \mathfrak{R}^{10} \times \mathfrak{R}^{P} \rightarrow [0,1]^{21}$$

$$(x,w) \quad \rightarrow y_k(x,w) = \frac{Exp\left(\sum_{i=1}^{H} w_{ki}^2 \, tanh\left(\sum_{j=0}^{10} w_{ij}^1 x_j\right)\right)}{\sum_{k'=1}^{21} Exp\left(\sum_{i=1}^{H} w_{k'i}^2 \, tanh\left(\sum_{j=0}^{10} w_{ij}^1 x_j\right)\right)} \qquad \forall k = 1,\ldots,21 \quad .$$

Man erkennt deutlich, dass es sich bei dieser Netzwerkarchitektur bzw. Topologie um die Approximation einer vektoriellen Funktion handelt.

Da bereits in Kapitel 5.1.2 die Inputvariablen auf Multikollinearität geprüft wurden, können die Ergebnisse einfach übernommen werden. Auch an der Lernstrategie hat sich im Vergleich zum Regressionsansatz nichts geändert.

54 $\sum_{i=1}^{21} y_i = 1 \wedge y_i \geq 0$, wobei y_i der Output des Neurons i in der Outputschicht ist.

6.2 Leistungsfähigkeit

6.2.1 Trefferquote

Im ersten Experiment, welches eine Vorstellung der Leistungsfähigkeit des *MLPs*, auf der Basis einer umfassenden Trainings- und Validierungsmenge geben soll, werden exakt dieselben Trainings- und Validierungsdatensätze verwendet wie beim Regressionsansatz, um die Vergleichbarkeit der Ergebnisse zu gewährleisten.[55] Analog zur vorherigen Netzarchitektur wird die Anzahl der verborgenen Neuronen willkürlich auf 30 festgesetzt. Aufgrund der gemachten Erfahrungen wird dieselbe differenzierbare Fehlerfunktion ($E(x) = ln(cosh(x))$) verwendet.

Mit Hilfe dieses nichtlinearen Ansatzes können 84,2% aller Beobachtungseinheiten auf der Generalisierungsmenge eindeutig aufgrund der Wahrscheinlichkeitsprognose zugeordnet und korrekt klassifiziert werden. 4450 Flächeneinheiten werden mit gleich großen Wahrscheinlichkeiten jeweils zwei Klassen zugeteilt (Tabelle 6-1).

Flächeneinheiten	Klassen	
4141	14	15
307	11	13
1	3	11
1	3	4

Tabelle 6-1: Anzahl der Flächeneinheiten, die die gleich große Zuordnungswahrscheinlichkeit für zwei Klassen haben.

Für eine Klassifikation dieser Einheiten müssen noch zusätzliche Informationen für eine Entscheidung herangezogen werden. Im konkreten Fall erfolgt eine Entscheidung auf der Grundlage folgender Untersuchungen bzw. Kenntnisse:

1) die Lage des Zentroiden bzw. Medoiden[56] der falsch klassifizierten Beobachtungseinheiten im Vergleich zu den entsprechenden vorhergesagten Klassenzentroiden/-medoiden,
2) die Vorhersage der Diskriminanzanalyse, und
3) die Vorhersage des *MLPs* mit Regressionsansatz.

[55] $|T|$=16.735, $|V|$=1.860, $|G|$=167.356.

[56] Der Medoid einer Klasse ist definiert als der Vektor der Mediane der Werte der Inputvariablen dieser Klasse.

Die Zuhilfenahme unterschiedlicher Methoden und die Analyse der Übereinstimmungen, aber vor allem auch die Ambivalenz der Ergebnisse ermöglichen den Gewinn substanzwissenschaftlicher Erkenntnisse.

Aufgrund des Vergleichs der Lage des Zentroiden (Medoiden) der nicht eindeutig zugeordneten Flächen mit der Position der Zentroiden (Medoiden) der jeweiligen vorhergesagten Klassen fällt die Wahl eindeutig auf die Klasse 15 statt 14 und 13 statt 11 (vgl. Tabelle 6-2). Damit würden von den 4450 Zuordnungen 4026 korrekt erfolgen.

Variable	Zentroid Klasse 11	Medoid Klasse 11	Zentroid 11 v 13	Medoid 11 v 13	Zentroid Klasse 13	Medoid Klasse 13
Abfluss	169,998	41,031	62,386	56,749	137,659	57,045
Höhe	1854,370	1852,290	1816,310	1822,570	1876,392	1881,265
Hangneigung	0,736	0,731	0,483	0,474	0,553	0,547
Einstrahlungssumme	5606422,7	5716880,0	5992677,8	6014000,0	5862871,8	5947160,0
Nutzungsintensität der Mähwiesen	0,004	0,000	0,010	0,000	0,191	0,200
Nutzungsintensität der Weiden	0,020	0	0	0	0	0
Nutzungsintensität des Waldes	0	0	0	0	0	0
Bodenwasserhaushalt	0	0	0	0	0	0
Bodenstörungen	0	0	0	0	0	0
Befahrbarkeit	0,009	0,000	0,146	0,160	0,091	0,040

Variable	Zentroid Klasse 14	Medoid Klasse 14	Zentroid 14 v 15	Medoid 14 v 15	Zentroid Klasse 15	Medoid Klasse 15
Abfluss	105,613	60,221	208,404	79,384	243,679	92,118
Höhe	1825,697	1882,830	1781,869	1757,770	1777,167	1752,170
Hangneigung	0,524	0,529	0,417	0,413	0,399	0,381
Einstrahlungssumme	5899157,7	5955090,0	5990178,7	6020560,0	5983379,1	6021490,0
Nutzungsintensität der Mähwiesen	0,566	0,500	2,210	2,000	2,199	2,000
Nutzungsintensität der Weiden	0,0001	0,0000	0,0000	0,0000	0,0000	0,0000
Nutzungsintensität des Waldes	0	0	0	0	0	0
Bodenwasserhaushalt	0,025	0,000	0,000	0,000	0,000	0,000
Bodenstörungen	0	0	0	0	0	0
Befahrbarkeit	0,114	0,080	0,200	0,200	0,214	0,240

Tabelle 6-2: Vergleich der Zentroide/Medoide der vorhergesagten Klassen mit denen der nicht eindeutig zugeordneten Einheiten.

Als weitere Unterstützung zur Entscheidungsfindung können aber auch die Klassifikationsvorschläge der Diskriminanzanalyse herangezogen werden. Auch dieses Verfahren liefert mit

88,4% eine hohe Trefferquote bezüglich der unsicheren Einheiten. Schlussendlich kann auch das *MLP* mit Regressionsansatz helfen, die Beobachtungseinheiten zu klassifizieren. Mit dieser Entscheidungsregel können 3820 Beobachtungseinheiten richtig zugeordnet werden.

Da man als Anwender nicht von Beginn an wissen kann, welches Entscheidungskriterium das geeignete ist bzw. welcher „Experte" recht hat, wird die Zuordnung so getroffen, dass eine Übereinstimmung aller drei Methoden gegeben ist. Mit Hilfe dieses Expertensystems kann nun die endgültige Trefferquote bestimmt werden, die mit 86,4% eine unerwartet hohe Verbesserung gegenüber dem Regressionsansatz (81,6%) darstellt. Daraus folgen zwei interessante Ergebnisse: Erstens wurde das Wissen aller Experten genutzt, um die Performance des wahrscheinlichkeitsbasierten Ansatzes zu erhöhen, und zweitens gibt dieses Resultat einen ersten Hinweis auf die bessere Eignung der zweiten untersuchten Topologie für die konkrete Fragestellung.

6.2.2 Interpretation der Ergebnisse

Neben der Leistung eine hohe Trefferquote zu erzielen, sind wieder die Interpretationsmöglichkeiten der Ergebnisse von großem Interesse und in diesem Kapitel vor allem, ob die Resultate mit der neuen Topologie konform sind mit den in Kapitel 5.3.2 gewonnenen Erkenntnissen. Wären sie widersprüchlich zu den früheren Schlussfolgerungen, dann wäre das *MLP* kein Verfahren zur Modellierung von inhaltlich interpretierbaren Zusammenhängen und damit nicht zum theoretischen Erkenntnisgewinn einsetzbar.

Am Beginn steht die Untersuchung der richtig klassifizierten Beobachtungseinheiten in jeder Klasse. In Tabelle 6-3 werden erneut folgende Fragestellungen beantwortet:

Spalte 2: Wie viele Beobachtungseinheiten in jeder Klasse werden sowohl von der Diskriminanzanalyse als auch vom *MLP* richtig zugeordnet?

Spalte 3: Welchen Anteil ordnet die Diskriminanzanalyse korrekt zu, bei dem die gewählte Netzstruktur versagt?

Spalte 4: Wie groß ist der Prozentsatz, den nur die *KNN* richtig zuordnen?

Spalte 5: In wie vielen Fällen prognostizieren die beiden Verfahren die gleiche, aber falsche Klasse?

Spalte 6: Wie groß ist der Prozentsatz, bei dem beide Verfahren unterschiedliche und falsche Klassen vorhersagen?

	Trefferquote **Diskriminanzanalyse (*DA*) versus *MLP* mit wahrscheinichkeitsbasiertem Ansatz**				
Klasse	**beide korrekt**	**nur *DA* korrekt**	**nur *MLP* korrekt**	***DA* = *MLP*, aber falsch**	**beide verschieden und falsch**
1	100%	0,0%	0,0%	0,0%	0,0%
2	99,9%	0,1%	0,0%	0,0%	0,0%
3	25,4%	1,8%	40,9%	28,5%	3,3%
4	45,7%	1,5%	25,7%	16,6%	10,6%
5	0,0%	0,0%	1,4%	76,6%	22,0%
6	94,5%	0,7%	4,8%	0,0%	0,0%
7	28,0%	28,8%	0,8%	39,2%	3,2%
8	0,0%	100,0%	0,0%	0,0%	0,0%
9	0,0%	16,5%	0,0%	73,5%	10,0%
10	60,1%	1,3%	19,7%	16,3%	2,6%
11	77,7%	4,1%	6,0%	11,2%	1,1%
12	44,2%	6,9%	27,8%	12,0%	9,1%
13	40,0%	1,6%	44,5%	12,2%	1,7%
14	82,3%	0,0%	9,4%	6,2%	2,1%
15	71,9%	27,0%	0,0%	0,7%	0,4%
16	0,0%	0,5%	0,0%	32,8%	66,7%
17	0,0%	50,7%	0,0%	1,4%	47,9%
18	16,0%	70,8%	0,0%	6,3%	6,9%
19	75,4%	2,4%	20,9%	0,0%	1,4%
20	0,0%	0,0%	92,8%	0,5%	6,7%
21	67,4%	0,0%	27,1%	0,0%	5,4%
Alle	**75,7%**	**2,3%**	**10,7%**	**9,1%**	**2,1%**

Tabelle 6-3: Vergleich der Trefferquote erzielt mit Hilfe der Diskriminanzanalyse und des *MLPs* (wahrscheinlichkeitsbasierter Ansatz) für jede Klasse. Die Summe über die Spalten ergibt 100%.

75,7% aller Fälle wurden von beiden Verfahren korrekt zugeordnet. Besser als die *KNN* (beide Topologien) bewältigte die Diskriminanzanalyse jene Klassen, für die nur wenige Trainingsdaten zur Verfügung standen. Die Lernmenge enthielt für die Vegetationsklassen 8, 17 und 18 weniger als acht Musterbeispiele und mit dieser Quantität konnte auch mit Hilfe der neuen Topologie keinerlei Verbesserung in der Trefferquote erzielt werden. Bei der Klasse 21 reichten allerdings 14 Beobachtungseinheiten in der Trainingsmenge aus, um nicht nur jene von der Diskriminanzanalyse erkannten Flächen korrekt zu klassifizieren sondern auch noch eine zusätzliche Steigerung der Trefferquote um 27,1% zu erzielen. Summa summarum erreichte das *MLP* eine Trefferquote in dieser Klasse von 94,5%. In diesem Fall lag das ursprüngliche Versagen des Künstlichen Neuronalen Netzes an der gewählten Netzarchitektur, die mit dieser geringen Zahl an Lerndaten noch nicht zu recht gekommen ist.

Auf der anderen Seite konnte die Hauptüberlegenheit des *MLPs* in den Klassen 3 (3211 Inputdatensätze in dieser Klasse wurden nur mittels nichtlinearem Ansatz richtig klassifiziert), 13 (44,5% entsprechen 5009 Fälle, die nur durch das *MLP* korrekt klassifiziert wurden) und 20 (92,8% sind absolut 697 richtig zugeordnete Einheiten) noch weiter ausgebaut werden.[57] Eine Sensitivitätsanalyse für die einzelnen Variablen soll Aufschluss geben, ob dieselben Inputs für diese gute Performance verantwortlich sind. Der Einfluss jeder Variablen auf die vorhergesagte Klasse wird operationalisiert als partielle Ableitung des Outputs nach der Inputvariablen an einer für die Klasse repräsentativen Stelle. Zur Charakterisierung einer Klasse wird wieder deren Zentroid[58] verwendet:

$$y_k = \frac{e^{a_k}}{\sum_{k'} e^{a_{k'}}},$$

$$\left.\frac{\partial y_k}{\partial x_m}\right|_{x_{\text{Zentroid der Klasse } k}} = \left.\frac{e^{a_k}\frac{\partial a_k}{\partial x_m}\sum_{k'} e^{a_{k'}} - e^{a_k}\sum_{k'} e^{a_{k'}}\frac{\partial a_{k'}}{\partial x_m}}{\left(\sum_{k'} e^{a_{k'}}\right)^2}\right|_{x_{\text{Zentroid der Klasse } k}},$$

$$\frac{\partial a_k}{\partial x_m} = \left[\sum_{j=1}^{H} w_{kj}^2 \, tanh'\left(\sum_{j=1}^{10} w_{ij}^1 x_j\right) w_{im}^1\right]_{x_{\text{Zentroid der Klasse } k}} \qquad \forall m = 1,\ldots,10 \text{ und } \forall k = 1,\ldots,21.$$

Führt man die Sensitivitätsanalyse für die einzelnen Variablen durch, so stellt man fest, dass die Inputvariable „Bodenstörung“ für die Klasse 3 bzw. 13 die zweit- bzw. drittwichtigste Variable ist. Da gerade diese Variable im Rahmen einer stufenweisen Diskriminanzanalyse nicht einbezogen wird, ist dieses Ergebnis wiederum ein Beleg dafür, dass die Bedeutung einzelner Variablen für die Erklärung der Zielgröße bei linearen und nichtlinearen Verfahren keinesfalls identisch sein muss.

Neben dieser Erkenntnis ist auch interessant, dass sich beide Topologien einig sind über die Wichtigkeit der Variable „Bodenstörung“ für die Klassen 3 und 13. Im Gegensatz dazu fällt bei der Analyse der Klasse 20 auf, dass das *MLP* mit wahrscheinlichkeitsbasiertem Ansatz dieser Variablen für ihre Bedeutsamkeit nicht mehr den ersten Rang sondern vielmehr

[57] Vgl. ursprüngliche Trefferquoten: 22,3% (Klasse 3), 41,4% (Klasse 13) und 77,2% (Klasse 20).

[58] Es wurde überprüft, ob der Zentroid ein geeigneter Repräsentant der Klasse ist, indem der Zentroid als Inputvektor des trainierten Netzes diente und seine Klasse prognostiziert wurde. Alle drei Zentroide wurden mit einer Wahrscheinlichkeit von100% ihrer Klasse zugeordnet.

den letzten Rang gibt. Trotzdem stimmen die nichtlinearen Ansätze in drei[59] der fünf wichtigsten Variablen überein. Der nichtlineare Regressionsansatz hatte keinerlei Übereinstimmung mit der Diskriminanzanalyse bei den wichtigsten fünf Variablen, die neue Topologie verwendet zwei[60] gleiche Variablen. Damit kann festgehalten werden, dass zwischen den Verfahren zwar keine vollständige Übereinstimmung in der Auswahl und Rangfolge der bedeutenden Variablen existiert (was auch nicht zu erwarten war), dass aber doch eine weitgehende Konstanz bei den nichtlinearen Ansätzen vorhanden ist, sodass auch ein inhaltlicher Erkenntnisgewinn möglich scheint.[61]

Da die Diskriminanzanalyse für die Klasse 20 eine Trefferquote von 0% erzielt, muss es ein nichtlinearer Einfluss der beiden gemeinsamen Variablen sein, der die Trefferquote des *MLPs* verbessert.

Zur Überprüfung der inhaltlichen Hypothesen aus Kapitel 5 gilt wieder besonderes Interesse den fehl klassifizierten Daten. Näher untersucht wurden die Fälle, für die beide Verfahren die gleiche, aber falsche Klasse prognostizierten. Bei Betrachtung der Spalte 5 in Tabelle 6-3 ist zu erkennen, dass die Klassen 5 und 9 weder von der Diskriminanzanalyse noch vom neuen nichtlinearen Ansatz hinreichend zufrieden stellend separiert worden sind. Aber mit einem hohen Prozentsatz sagen beide Verfahren die gleiche Klasse vorher (76,6% bzw. 73,5%). Im Vergleich zum letzten Kapitel ist der Grad der Einigkeit zwischen linearem Verfahren und dem verwendeten *MLP* sogar noch weiter angestiegen.

Analysiert man zuerst die Fälle in Klasse 5, so stellt man fest, dass 2880 Einheiten (64,1% aller Generalisierungsfälle in der Klasse 5) von beiden Methoden der Klasse 11 zugeordnet werden. Zur Beurteilung der möglichen Ursachen wurde der Zentroid für die falsch klassifizierten Fälle berechnet und mit den Zentroiden der Klasse 5 und 11 verglichen (siehe Tabelle 6-4).

59 „Nutzungsintensität der Weiden", „Nutzungsintensität des Waldes" und „Bodenwasserhaushalt".
60 „Abfluss" und „Einstrahlungssumme".
61 Die Wahrscheinlichkeit für eine zufällige Übereinstimmung in drei Variablen beträgt 8,33%.

Klasse	Abfluss	Höhe	Hang-neigung	Einstrahlungs-summe	Nutzungs-intensität der Mähwiesen	Nutzungs-intensität der Weiden	Befahrbar-keit des Geländes
5	69,61	1883,40	0,66	5701906	0,02	0,11	0,00
MLP=DA=11	67,77	1855,74	0,73	5604747	0,00	0,00	0,00
11	170,00	1854,37	0,74	5606423	0,00	0,02	0,01

Tabelle 6-4: Vergleich der Zentroide für die Klassen 5 und 11 mit den Mittelwerten der Variablen jener Fälle, die von den beiden Verfahren anstatt zur Klasse 5 zur Klasse 11 zugeordnet werden. Fehlende Inputvariablen haben gleiche Durchschnitte für die Klassen 5 und 11 sowie für die untersuchten Datensätze.

Die Analyse liefert den Befund, dass außer für die Variablen „Abfluss" und „Befahrbarkeit des Geländes" die fehl klassifizierten Fälle vielmehr in Klasse 11 als in Klasse 5 gehören.[62] Das Ergebnis ist noch eindeutiger als im Falle des nichtlinearen Regressionsansatzes. Dies kann als weiterer Hinweis interpretiert werden, dass die Flächenquadrate entweder a priori falsch zugeteilt wurden oder dass die ausgewählten Inputvariablen unzureichend zur Charakterisierung und Abgrenzung der Klasse 5 sind.

Einen sehr deutlichen Hinweis, dass die ausgewählten Inputvariablen sich nicht zur Separierung der Klasse 9 von der Klasse 11 eignen, liefert die Analyse der in Klasse 9 fehl klassifizierten Einheiten.[63] Der nichtlineare Ansatz schafft keine einzige korrekte Zuordnung und die Diskriminanzanalyse auch nur 16,5%. Allerdings sind sich die beiden Verfahren bei den falsch zugeordneten Beobachtungseinheiten einig, dass 99,6% der gemeinsamen Fehlklassifikationen in die Klasse 11 gehören müssten. Sie sind sich nicht nur einig, sondern auch ziemlich sicher, da die Zuordnungswahrscheinlichkeit des *MLPs* für alle Fälle über 70% liegt und die Diskriminanzanalyse nur in 86 Fällen eine Wahrscheinlichkeit kleiner als 70% vorhersagt. Sowohl den Zentroiden als auch den Medoiden der Klasse 9 geben beide Verfahren in die Klasse 11 (siehe Tabelle 6-5). Aufgrund dieser Ergebnisse würde man auf fehlende Informationen in den Inputvariablen schließen und nicht auf noch nicht entdeckte nichtlineare Strukturen zwischen den zehn unabhängigen Variablen.

62 Inhaltlich ist die enge Verwandtschaft der beiden Klassen gegeben, da es sich bei Klasse 5 um Bärentraubenheiden und bei Klasse 11 um Silikat-Horstseggenhalden mit Bärentraube handelt (vgl. die Beschreibung im Anhang A).

63 Klasse 9: Silikatfels-Gesellschaften, Klasse 11: Silikat-Horstseggenhalde mit Bärentraube.

Klasse	Abfluss	Höhe	Hangneigung	Einstrahlungs-summe	Nutzungsintensität der Weiden	Befahrbarkeit des Geländes
9	110,25	1856,36	1,05	4698039	0,00	0,00
MLP=DA=11	125,15	1849,72	0,99	5016382	0,00	0,00
11	170,00	1854,37	0,74	5606423	0,02	0,01

Tabelle 6-5: Vergleich der Zentroide für die Klassen 9 und 11 mit den Mittelwerten der Variablen jener Fälle, die von den beiden Verfahren anstatt zur Klasse 9 zur Klasse 11 zugeordnet werden. Die fehlenden Variablen haben für alle drei Gruppen dieselben Werte und damit eine Intergruppenvarianz von Null.

Auch bei den falsch zugeordneten Datensätzen in den Klassen 10 und 11 waren sich der wahrscheinlichkeitsbasierte *KNN*-Ansatz und die Diskriminanzanalyse ziemlich einig, welcher Klasse die Fälle zugeordnet werden sollten. Vom linearen als auch nichtlinearen Verfahren wurden 3509 Fälle, die a priori in die Klasse 10 gehören, der Klasse 11 zugeteilt und 3010 Fälle gerade umgekehrt. Alles in allem sind das 3,5% aller Beobachtungseinheiten, die eine genauere Analyse wert sind.

Klasse	Abfluss	Höhe	Hangneigung	Einstrahlungs-summe	Nutzungsintensität der Weiden	Befahrbarkeit des Geländes
10	67,38	2058,15	0,66	5710964	0,33	0,05
MLP=DA=10	45,01	2083,27	0,73	5688861	0,02	0,01
MLP=DA=11	62,36	1930,59	0,79	5547887	0,00	0,00
11	170,00	1854,37	0,74	5606423	0,02	0,01

Tabelle 6-6: Vergleich der Zentroide für die Klassen 10 und 11 mit den Mittelwerten der Variablen jener Fälle, die von den beiden Verfahren anstatt zur Klasse 10 zur Klasse 11 und umgekehrt zugeordnet werden. Die fehlenden Inputvariablen haben wiederum eine Intergruppenvarianz von Null.

Die Ursachen der Missklassifikation jener Fälle, die eigentlich zur Klasse 11 gehören sollten, aber von den Verfahren zur Klasse 10 zugeordnet werden, werden mittels Sensitivitätsanalyse und totalem Differential ($\Delta y_k = \sum_{i=1}^{10} \left.\frac{\partial y_k}{\partial x_i}\right|_{x_{\text{Zentroid der Klasse 11}}} \cdot \Delta x_i$) analysiert. Die Untersuchung unterstreicht das Ergebnis aus Kapitel 5. Für alle drei Methoden wurde die Fehlklassifikation ausgelöst durch die Abweichung der Variable „Höhe“ von ihrem Soll.

Anders liegt die Situation bei den Fällen die fälschlicherweise zur Klasse 11 statt 10 zugeordnet werden. Hier nennt die Diskriminanzanalyse zwei verantwortliche Variablen, nämlich

„Nutzungsintensität der Weiden“ und die „Höhe“. Bereits die Abweichung einer dieser Variablen reicht aus, um die Fälle falsch zu klassifizieren. Beim mehrschichtigen Perzeptron hingegen stellt man vier wichtige Variable fest: „Nutzungsintensität der Weiden“, „Befahrbarkeit des Geländes“, „Einstrahlungssumme“ und „Abfluss“ (genannt in der Reihenfolge ihrer Wichtigkeit). Wiederum ist die Übereinstimmung der beiden nichtlinearen Ansätze in der Einschätzung der Bedeutung von Inputvariablen vor allem im Hinblick auf einen inhaltlichen Erkenntnisgewinn bemerkenswert.

Der durchgeführte Vergleich der Diskriminanzanalyse mit dem zweiten *MLP*-Ansatz unter Zuhilfenahme der Sensitivitätsanalyse stützt die in Kapitel 5 erzielten Einsichten (zum Beispiel die Identifikation entscheidender Variablen sowohl für die höhere Trefferquote des *MLPs* in einzelnen Klassen als auch für manche Fehlklassifikation) und verschärft sogar einzelne Schlussfolgerungen, wie zum Beispiel das fehlende Erklärungspotential der Inputvariablen für die Unterschiede zwischen Klasse 9 und 11. Dass die zehn ausgewählten Inputvariablen nicht alle Unterschiede erklären können, dafür spricht auch die Tatsache, dass die Diskriminanzanalyse, das *MLP* mit Regressionsansatz sowie das *MLP* mit wahrscheinlichkeitsbasiertem Ansatz in 7,5% aller Fälle (14.026 Flächeneinheiten!) die gleiche aber falsche Klasse vorhersagen.

Bei der Klasse 20 sind sich die beiden nichtlinearen Ansätze uneins über die Wichtigkeit der einzelnen Variablen, aber der Erfolg in der Trefferquote spricht für den wahrscheinlichkeitsbasierten Ansatz und damit für dessen Schlussfolgerungen.

In der Klasse 15 verliert der wahrscheinlichkeitsbasierte Ansatz ca. 27% gegenüber dem nichtlinearen Regressionsansatz. Diesen Prozentsatz an Fällen gibt das Verfahren vollständig fälschlicherweise in die Klasse 14. Die Sensitivitätsanalyse und der Vergleich mit der Diskriminanzanalyse zeigen, dass die Information der Variablen „Nutzungsintensität der Mähwiesen“ eindeutig vom nichtlinearen Regressionsansatz besser verarbeitet wird.

Es konnte erfolgreich gezeigt werden, dass sich das *MLP* zum theoretischen Erkenntnisgewinn und zur Überprüfung inhaltlicher Hypothesen eignet, vor allem in Kombination mit Benchmark-Verfahren.

6.3 Einfluss der Stichprobengröße

Für die folgenden Untersuchungen werden die zum Lernen zur Verfügung stehenden Daten stark reduziert, und um Overfitting zu vermeiden (beim ersten Experiment mussten mit dieser Topologie und 30 verborgenen Neuronen 930 Netzparameter berechnet werden) und die Parameter schätzen zu können, muss die optimale Zahl von verborgenen Neuronen vor allem für kleine Stichprobengrößen ermittelt werden. Anschließend wird der konkrete Einfluss der Stichprobengröße auf die Qualität der Trefferquote des wahrscheinlichkeitsbasierten Ansatzes bestimmt.

6.3.1 Bestimmung der optimalen Anzahl verborgener Neuronen

Der Datensatz wird wiederum halbiert und die eine Hälfte zur Generalisierung (*G*) verwendet und in Folge auch nicht zur Bestimmung der verborgenen Neuronen herangezogen. Aus der anderen Hälfte werden zufällig Stichproben der Größe 100, 175, 250, 500, 1.000 und 1.500 gezogen und alle anderen Daten (*G2*) zur Fixierung dieses Freiheitsgrades benützt (vgl. Abbildung 5-4).

Das Netz wird für jede Stichprobengröße und mit unterschiedlich vielen verborgenen Neuronen trainiert und validiert, und die Trefferquote wird für jede Konstellation auf der entsprechenden Menge *G2* berechnet. Die sehr große Zahl dieser Daten sollte eine möglichst unverzerrte Schätzung der optimalen Anzahl der verborgenen Neuronen erlauben.

Aufgrund der Abhängigkeit der Performancekennzahl von der Gewichtsinitialisierung wurde auch zur Bestimmung der verborgenen Neuronen das Netz mehrmals trainiert (40 Mal für die Stichprobengröße 500 und 20 Mal für alle anderen untersuchten Stichprobengrößen). Das arithmetische Mittel, der Median sowie das Minimum und das Maximum aller erzielten Trefferquoten für alle untersuchten Stichprobengrößen werden als Entscheidungshilfen herangezogen.

$\|T\|+\|V\| = 100$, $\|G2\| = 92.824$	Zahl verborgener Neuronen			
Kennzahlen	**1**	**2**	**3**	**4**
Gewichtsinitialisierungen	20	20	20	20
Mittelwert	64,46	70,86	71,98	71,00
Median	63,06	71,07	71,41	71,44
Minimum	60,52	63,70	69,17	65,73
Maximum	68,87	73,62	76,51	75,40

Tabelle 6-7: Kennzahlen der Trefferquote erzielt mit 100 Lerndaten in Abhängigkeit der Zahl der verborgenen Neuronen.

Für die Stichprobengröße 100 fällt die Entscheidung auf drei verborgene Neuronen (Tabelle 6-7). Das arithmetische Mittel der Trefferquote ist zwar nicht signifikant größer als die Durchschnittswerte der benachbarten[64] Netze, aber die kleinste mögliche Trefferquote liegt um mehr als 3% über den Minima der anderen Netze und die beste Trefferquote ist auch um mehr als 1% größer.

Unerwartet hoch liegt die optimale Anzahl der verborgenen Neuronen bei den Stichprobengrößen mit 175 und 250 Datensätzen (vgl. Tabelle 6-8, Tabelle 6-9). Bei 175 Lerndaten eignet sich aufgrund der MAXIMIN-Regel am besten ein Netz mit neun Neuronen in der verborgenen Schicht. Das erreichte Minimum liegt weitaus höher als die kleinsten Trefferquoten der benachbarten Netze, und das arithmetische Mittel ist am größten, wenn auch nicht signifikant größer als alle Durchschnitte der anderen Netze. Mit einer analogen Argumentation wird die optimale Anzahl der verborgenen Neuronen bei 250 Lerndaten auf sechzehn geschätzt.

$\|T\|+\|V\| = 175$, $\|G2\| = 92.799$	Zahl verborgener Neuronen									
Kennzahlen	**2**	**3**	**4**	**5**	**6**	**7**	**8**	**9**	**10**	**11**
Gewichtsinitialisierungen	20	20	20	20	20	20	20	20	20	20
Mittelwert	71,83	73,97	73,78	73,78	74,15	73,33	74,26	74,54	73,78	73,64
Median	73,18	73,75	73,80	74,63	74,11	73,70	74,67	74,25	74,57	74,44
Minimum	63,38	69,36	68,18	68,83	68,79	66,66	69,32	72,98	66,46	68,78
Maximum	76,69	78,93	77,83	76,01	76,34	77,75	77,94	77,44	75,84	76,22

Tabelle 6-8: Kennzahlen der Trefferquote erzielt mit 175 Lerndaten in Abhängigkeit der Zahl der verborgenen Neuronen.

[64] Für ein Netz mit H verborgenen Neuronen werden die Netze mit H-1 und H+1 verborgenen Neuronen als die dem Netz mit H verborgenen Neuronen benachbarten Netze bezeichnet.

$\|T\|+\|V\| = 250$, $\|G2\| = 92.724$	**Zahl verborgener Neuronen**								
Kennzahlen	**3**	**4**	**5**	**6**	**7**	**8**	**9**	**10**	**11**
Gewichtsinitialisierungen	20	20	20	20	20	20	20	20	20
Mittelwert	71,82	74,17	75,17	75,93	76,14	76,94	76,84	75,96	77,27
Median	71,27	73,54	74,60	76,66	77,03	78,00	77,96	76,32	77,99
Minimum	67,91	70,46	71,39	71,36	69,78	71,85	72,25	71,01	71,98
Maximum	77,45	79,47	78,54	79,04	79,58	78,96	78,70	79,60	79,11

Kennzahlen	**12**	**13**	**14**	**15**	**16**	**17**	**18**	**19**
Gewichtsinitialisierungen	20	20	20	20	20	20	20	20
Mittelwert	77,36	77,72	76,96	77,01	78,03	77,57	77,60	77,84
Median	78,11	78,16	78,07	77,87	78,05	78,15	77,99	78,32
Minimum	72,35	73,53	72,72	69,60	76,47	73,92	73,61	73,06
Maximum	79,82	79,36	79,33	79,09	78,98	78,97	79,34	79,24

Tabelle 6-9: Kennzahlen der Trefferquote erzielt mit 250 Lerndaten in Abhängigkeit der Zahl der verborgenen Neuronen.

Eindeutig im Hinblick auf das arithmetische Mittel der Trefferquoten ist die Entscheidung bei 500 Lerndaten, da der Mittelwert signifikant[65] größer ist als der Durchschnitt der benachbarten Netzwerke. Die beste Trefferquote wird zwar mit einem Netz aus vier verborgenen Neuronen erzielt (vgl. Tabelle 6-10), dafür ist aber das Minimum der Trefferquote bei einem Netz mit fünf verborgenen Neuronen am größten und wenn zur Entscheidungsfindung die MAXIMIN-Regel herangezogen wird, fällt die Wahl auch unter diesem Gesichtspunkt auf das Netzwerk mit fünf verborgenen Neuronen.

$\|T\|+\|V\|=500$, $\|G2\|=92.474$	**Zahl verborgener Neuronen**			
Kennzahlen	**3**	**4**	**5**	**6**
Gewichtsinitialisierungen	40	40	40	40
Mittelwert	80,72	80,74	81,13	80,13
Median	81,18	80,82	81,02	80,54
Minimum	77,60	77,69	79,39	75,28
Maximum	82,47	82,68	82,48	82,62

Tabelle 6-10: Kennzahlen der Trefferquote erzielt mit 500 Lerndaten in Abhängigkeit der Zahl der verborgenen Neuronen.

Die Anzahl der Neuronen in der verborgenen Schicht wird bei 1.000 Lerndaten auf sechs fixiert. Die Entscheidung wird aufgrund der MAXIMIN-Regel getroffen, das arithmetische Mittel unterscheidet sich nicht signifikant von den Mittelwerten der benachbarten Netzwerke (vgl. Tabelle 6-11). Eine analoge Argumentation lässt die Wahl der Anzahl der verborgenen Neuronen bei einer Stichprobengröße von 1.500 Datensätzen auf fünf fallen.

|*T*|+|*V*|=1.000, |*G2*|=91.974	**Zahl verborgener Neuronen**					
Kennzahlen	**4**	**5**	**6**	**7**	**8**	**21**
Gewichtsinitialisierungen	20	40	20	20	20	20
Mittelwert	82,73	83,12	83,32	83,27	83,06	82,97
Median	82,82	83,06	83,37	83,36	83,10	83,03
Minimum	80,87	81,28	82,41	82,25	80,87	81,94
Maximum	84,04	84,49	84,63	84,73	84,27	83,78

Tabelle 6-11: Kennzahlen der Trefferquote erzielt mit 1.000 Lerndaten in Abhängigkeit der Zahl der verborgenen Neuronen.

|*T*|+|*V*| = 1.500, |*G2*| = 91.474	**Zahl verborgener Neuronen**						
Kennzahlen	**3**	**4**	**5**	**6**	**7**	**8**	**9**
Gewichtsinitialisierungen	20	20	20	20	20	20	20
Mittelwert	83,53	83,93	84,00	83,71	83,92	83,86	83,86
Median	83,56	83,98	84,10	83,80	84,01	83,98	83,95
Minimum	82,46	82,59	83,33	82,33	82,29	82,88	81,79
Maximum	84,30	84,68	84,58	84,67	84,75	84,68	84,82

Tabelle 6-12: Kennzahlen der Trefferquote erzielt mit 1.500 Lerndaten in Abhängigkeit der Zahl der verborgenen Neuronen.

Betrachtet man die Variation der Trefferquote einerseits in Abhängigkeit von der Stichprobengröße und andererseits von der Parameterzahl, so erkennt man deutlich, dass der Einfluss auf die Höhe der Trefferquote aufgrund des Stichprobenumfangs viel größer ist als die Variation aufgrund der unterschiedlichen Anzahl von verborgenen Neuronen. Die durchschnittliche Trefferquote erhöht sich monoton von rund 72% bei 100 Lerndaten auf 84% bei 1.500 Datensätzen, im Vergleich dazu sind die Spannweiten der Trefferquote verursacht durch unterschiedlich viele verborgene Neuronen für kleine Stichprobengrößen weniger als 8% und für Stichprobengrößen mit mehr als 500 Datensätzen sogar höchstens 1%. Im folgenden Kapitel wird nun der Einfluss der Stichprobengröße auf die Höhe der Trefferquote ermittelt.

[65] Der *t*-Test für unabhängige Stichproben fiel beide Male zu Gunsten der einseitigen Alternativhypothese aus (Signifikanzniveau 5%).

6.3.2 Sättigungskurve

Auch für diese Netzarchitektur wird die Abhängigkeit der Trefferquote auf der Generalisierungsmenge von der Menge der für das Lernverfahren verwendeten Daten experimentell überprüft. Der gesamte Datensatz wird dazu wie zuvor halbiert. Eine Hälfte dient als Generalisierungsmenge ($|G| = 92.977$); aus der anderen Hälfte werden zufällig Stichproben der Größe 100, 175, 250, 500, 1.000, 1.500, 2.000, 3.000, 4.000, 6.000, 10.000, 15.000 und 18.595 gezogen und zum Optimieren des Netzes verwendet. Als Benchmark wird unter denselben Bedingungen die Trefferquote mit der Diskriminanzanalyse berechnet.

Für die Stichprobengrößen 100, 175, 250, 500, 1.000 und 1.500 wird die Trefferquote auf der Generalisierungsmenge G mit den bereits im vorangegangenen Kapitel optimierten Freiheitsgraden berechnet. In der Graphik der Sättigungskurven (Abbildung 6-1) sind die Durchschnittswerte für die Trefferquote aufgetragen. Um den Rechenaufwand in vertretbaren Grenzen zu halten (vgl. Kapitel 4), werden die Gewichtsinitialisierungen für die Stichprobengrößen 2.000, 3.000, 4.000, 6.000, 10.000 und 15.000 auf sieben reduziert.

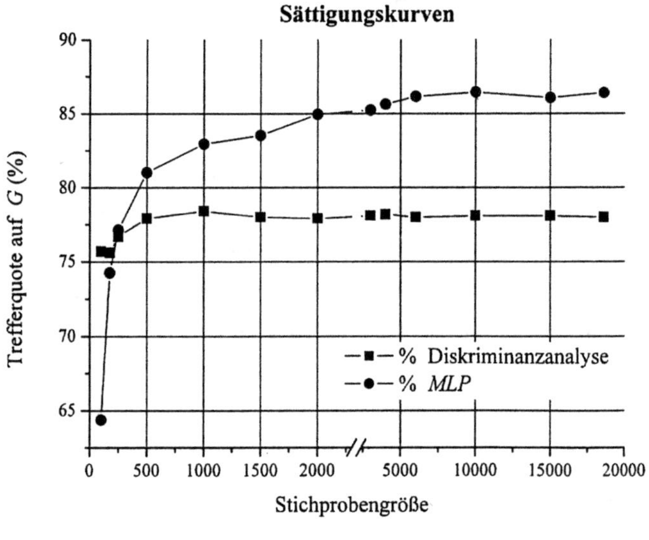

Abbildung 6-1: Sättigungskurven der beiden Verfahren. Zur besseren Lesbarkeit gibt es einen Umbruch der Skala der x-Achse bei $n = 2.600$.

Für kleine Stichproben übertrifft die Trefferquote des linearen Verfahrens jene des nichtlinearen. Bereits ab einer Stichprobengröße von 500 Datensätzen können mit Hilfe des *MLPs* weit mehr Beobachtungseinheiten korrekt zugeordnet werden. Hier liegt einer der überragenden Vorteile dieser Topologie gegenüber dem nichtlinearen Regressionsansatz, der bei derartigen Stichprobengrößen noch weit unter der Trefferquote der Diskriminanzanalyse lag.

Die Sättigungsmenge vom *MLP* liegt wiederum bei sehr großen Datenmengen. Erst ab einer Datenmenge von 2.000 Beobachtungseinheiten nimmt der Anstieg der Trefferquote aufgrund zusätzlicher Trainingsdaten stark ab. Dieser große „Datenhunger" des Verfahrens hat damit zwei wesentliche Konsequenzen für die praktische Einsetzbarkeit:

- Es gibt viele Forschungsgebiete, auf denen der Einsatz Künstlicher Neuronaler Netze durch die Problemstellungen indiziert wäre, durch die Datenverfügbarkeit aber untersagt wird. Dies gilt beim derzeitigen Stand des Wissens besonders für fast alle makroökonomischen Fragestellungen.
- Dort wo Daten zwar prinzipiell erhältlich aber mit größeren Erhebungskosten verbunden sind, sind *KNN* ein verhältnismäßig teurer Modellieransatz.

Mit einer Stichprobengröße von 18.595 Lerndatensätzen wurden einige Flächeneinheiten mit gleich großen Wahrscheinlichkeiten jeweils zwei Klassen zugeteilt (vgl. Kapitel 6.2). Ob dies auch bei kleinen Stichprobenumfängen der Fall ist, soll kurz untersucht werden. Bis zum Stichprobenumfang von 4.000 Daten werden alle Einheiten eindeutig zugeordnet. Es stellt sich die Frage, ob diese „Unentschlossenheit" des Netzes beim ersten Experiment ein Unvermögen wiedergibt oder Ausdruck einer immer diffizileren Informationsverarbeitung bei vielen Daten ist. Daher wird überprüft, welcher Klasse jene Flächeneinheiten bei einer Stichprobengröße von 4.000 zugeordnet werden, für die sich das Netz mit 18.595 Lerndaten nicht eindeutig festlegen konnte. Nur 623 dieser 4450 Flächeneinheiten sind beim Netzwerk mit weniger Lerndaten und maximaler Trefferquote korrekt klassifiziert, der Rest verteilt sich auf alle Klassen. Obwohl die Trefferquote bei 4.000 Lerndaten schon sehr hoch ist, gelingt dem Netz mit Hilfe der zusätzlichen Daten eine Extraktion weiterer Informationen, die Ausformulierung von nichtlinearen Zusammenhängen und eine feinere Differenzierung zwischen den Klassen.

6.4 Stabilität der Performancekennzahl

In diesem Kapitel wird die Stabilität der Ergebnisse für Stichprobengrößen bis n = 2.000 untersucht. Dies ist eine Menge, die einerseits eine bestimmte Variabilität der Ergebnisse erwarten lässt und die andererseits oberhalb der Stichprobengröße liegt, die in der weitaus überwiegenden Zahl der Anwendungen von *KNN* verwendet wird.

6.4.1 Instabilität aufgrund der Gewichtsinitialisierung

Da iterative Lernmethoden nicht garantieren können, das globale Minimum der Fehlerfunktion zu finden, wird untersucht, wie empfindlich die Trefferquote dieser Netzarchitektur auf Anfangsinitialisierungen der Gewichte reagiert. Alle Gewichte werden per Zufallsgenerator initialisiert, anschließend wird das Netz optimiert und die Trefferquote auf der Generalisierungsmenge (*G*) berechnet. Dieser Vorgang ist für jede Datenmenge 20 Mal (bzw. sieben Mal für n = 2.000) wiederholt worden. Die Ergebnisse für die zufällig gezogenen Stichproben der Größe 100, 175, 250, 500, 1.000 und 2.000 sind in Tabelle 6-13 zusammengefasst. Die Trefferquoten sind in Prozent angegeben.

Bemerkenswert im Vergleich zur vorangegangenen Topologie sind erstens die verhältnismäßig kleinen Spannweiten und zweitens, dass bereits bei einer Stichprobengröße von 500 die kleinste mit dem Netz erzielte Trefferquote die Performance der Diskriminanzanalyse übertrifft.

Wie man aus Tabelle 6-13 erkennt, verringert sich die Abhängigkeit der Trefferquote von den Ausgangsgewichten mit der Zunahme der Trainingsdaten, was erneut ein Indiz für die Eignung der *KNN* für große Mengen an Trainingsdaten ist, wobei „groß“ in diesem konkreten Fall einen Stichprobenumfang von 2.000 bezeichnet.

Alle bisher erzielten Ergebnisse sprechen deutlich vom großen Datenhunger dieses Modellierungsinstrumentes. Um eine im Vergleich zur linearen Methode bessere Trefferquote zu erzielen und damit diese sowohl aufgrund der Gewichtsinitialisierungen als auch der Parameterzahl möglichst stabil ist, ist eine Mindestgröße der Stichprobe von mehr als 500 Lerndatensätzen notwendig. Sollen die Eigenschaften des Netzes allerdings höheren Ansprüchen gerecht werden, sind weitaus mehr Datensätze notwendig.

Wahrscheinlichkeitsbasierter Ansatz							
n	$\bar{x}$	$\hat{\sigma}_{\bar{x}}$	**Median**	**Spannweite**	**Minimum**	**Maximum**	*DA*
100	64,38	0,40	64,50	5,72	61,58	67,29	75,7
175	74,19	0,25	74,13	4,54	72,33	76,87	75,6
250	77,13	0,55	78,25	7,66	71,53	79,19	76,7
500	81,02	0,20	80,91	3,42	79,23	82,65	77,9
1.000	82,90	0,15	82,90	2,34	81,93	84,27	78,4
1.500	83,53	0,12	83,52	2,00	82,60	84,60	78,0
2.000	84,95	0,09	84,92	0,60	84,68	85,29	77,9

Tabelle 6-13: Instabilität der Trefferquote (in %) aufgrund der Gewichtsinitialisierung für die verschiedenen Stichprobengrößen (n). Zur Beurteilung werden das arithmetische Mittel ($\bar{x}$), der Standardfehler ($\hat{\sigma}_{\bar{x}}$), der Median, die Spannweite, das Minimum und das Maximum der Trefferquote angegeben. Als Benchmark dient wiederum die Trefferquote der Diskriminanzanalyse (*DA*).

6.4.2 Instabilität aufgrund der Wahl der Stichprobe

Inwieweit der dritte Instabilitätsfaktor, nämlich die Wahl der Stichprobe, einen Einfluss auf die Höhe der Trefferquote hat, wird versucht in diesem Kapitel auszuloten. Für die Stichprobengrößen von 100, 250 und 500 Datensätzen werden jeweils 20 Stichproben aus einer Hälfte des Datensatzes gezogen. Alle Netzwerke werden 20 Mal initialisiert, ihre optimale Anzahl von verborgenen Neuronen mittels entsprechender *G*2 ermittelt und die Parameter geschätzt. Anschließend wird die Trefferquote auf *G* berechnet. Das *MLP* und die Diskriminanzanalyse zeigten für die gewählten Stichprobengrößen das in Abbildung 6-2 und Abbildung 6-3 dargestellte Stabilitätsverhalten.

Für den praktischen Einsatz vom *MLP* sind die drei wichtigsten experimentellen Befunde:

- Die Sensibilität der Trefferquote auf die willkürliche Auswahl der Lerndaten nimmt mit zunehmender Stichprobengröße ab.
- Diese Variabilität der Trefferquote des *MLPs*, gemessen sowohl als Spannweite als auch als Interquartilsabstand, ist für alle drei Stichprobengrößen kleiner als jene der Diskriminanzanalyse.
- Mit 500 Lerndaten sind die Trefferquoten aller 20 Stichproben erzielt mit Hilfe des *MLPs* besser als die entsprechende Performancekennzahl erreicht durch die Diskriminanzanalyse.

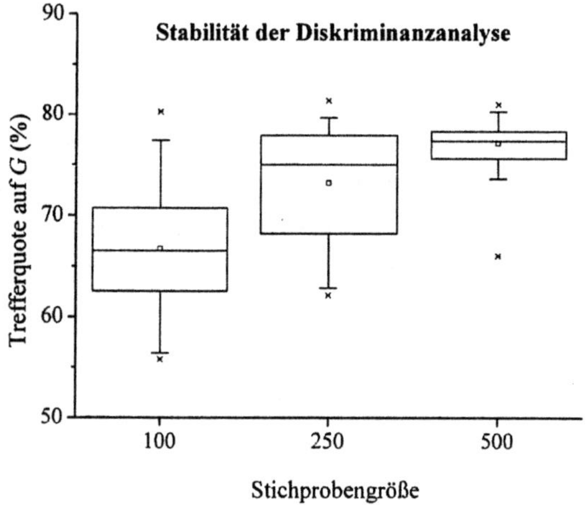

Abbildung 6-2: Box-Plot der Stabilität der Performancekennzahl in Abhängigkeit von verschiedenen Stichproben gleicher Größe für die Diskriminanzanalyse.

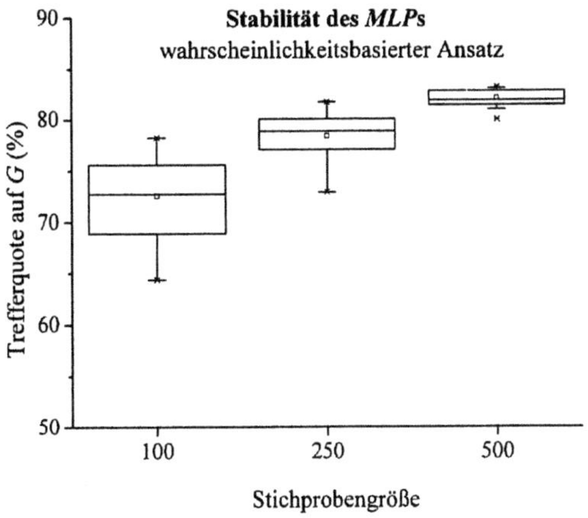

Abbildung 6-3: Box-Plot der Stabilität der Performancekennzahl in Abhängigkeit von verschiedenen Stichproben gleicher Größe für den wahrscheinlichkeitsbasierten Ansatz.

6.5 Einfluss der Fehlerfunktion

Für alle bisherigen Überlegungen wurde als Fehlerfunktion die *ln*(*cosh*(*x*))-Funktion verwendet. Da aber in den publizierten Anwendungen fast ausschließlich die Quadratische Fehlerfunktion verwendet wird, soll anhand von zwei Stichprobenumfängen (100 und 500) der Einfluss dieses Freiheitsgrades auf die Performance des *MLP*s mit wahrscheinlichkeitsbasiertem Ansatz untersucht werden.

Von einer deutlichen Überlegenheit der „proportionalen" Fehlerfunktion gegenüber der quadratischen wie beim nichtlinearen Regressionsansatz kann in diesem Fall nicht die Rede sein. Es können weder beim Mittelwert noch beim Median signifikante Unterschiede in der Trefferquote festgestellt werden. Die einzige Kennzahl, die für die proportionale Fehlerfunktion spricht, ist das größere Minimum und damit die kleinere Gefahr, eine sehr schlechte Trefferquote zu erzielen bzw. die lineare Benchmark nicht zu übertreffen (Tabelle 6-14).

	Fehlerfunktion: $E(x)=ln(cosh(x))$	
	$\|T\|+\|V\|=100$	$\|T\|+\|V\|=500$
Gewichtsinitialisierungen	20	40
Mittelwert	71,98	79,67
Standardfehler	0,48	0,13
Median	71,41	79,63
Spannweite	7,34	3,49
Minimum	69,17	77,52
Maximum	76,51	81,01

	Fehlerfunktion: Quadratische Funktion	
	$\|T\|+\|V\|=100$	$\|T\|+\|V\|=500$
Gewichtsinitialisierungen	20	40
Mittelwert	72,00	79,68
Standardfehler	0,64	0,20
Median	71,73	79,99
Spannweite	9,57	7,17
Minimum	66,94	74,89
Maximum	76,51	82,07

Tabelle 6-14: Abhängigkeit der Trefferquote von der gewählten Fehlerfunktion für die Stichprobengrößen 100 und 500.

6.6 Abschließender Vergleich der beiden *MLP* Ansätze

Nachdem nun die Ergebnisse auch für den wahrscheinlichkeitsbasierten Ansatz vorliegen, werden die beiden Netzwerkarchitekturen in Tabelle 6-15 gegenübergestellt und bezüglich der folgenden untersuchten Fragen verglichen:

- Was bzw. welche Größe wird mit Hilfe des *MLP*s vorhergesagt?
- Welche Stichprobengröße ist mindestens erforderlich, um das lineare Benchmarkverfahren bezüglich der Höhe der Trefferquote zu übertreffen?
- In welchen Größenordnungen liegt die Sättigungsmenge?
- Wie groß war die auf der Generalisierungsmenge maximal erzielte Trefferquote?
- Hat die verwendete Fehlerfunktion, im speziellen die quadratische bzw. die proportionale Funktion, einen Einfluss auf die Performancekennzahl?
- Welche Schwankungsbreiten weist die Trefferquote aufgrund der Gewichtsinitialisierungen auf?

- Ab welcher Stichprobengröße ist die Spannweite relativ stabil gegenüber der Stichprobenauswahl?

	MLP **Regressionsansatz**	*MLP* **Wahrscheinlichkeitsbasierter Ansatz**
Output	Klasse	Klasse, Zugehörigkeitswahrscheinlichkeit
Stichproben-Mindestgröße um Diskriminanzanalyse sicher zu übertreffen	3.000 Datensätze	500 Datensätze
Sättigungsmenge	Mehr als 18.595 Datensätze	Mehr als 18.595 Datensätze
Maximale Trefferquote	81,6%	86,4%
Fehlerfunktion	Proportionale Funktion (modifizierte Betragsfunktion, *ln*(*cosh*(*x*))) erzielt bessere Ergebnisse als quadratische Funktion.	Quadratische Fehlerfunktion genauso gut geeignet wie proportionale Funktion, allerdings bezüglich MAXIMIN-Strategie ist die proportionale Funktion besser.
Stabilität bezüglich • **Gewichtsinitialisierungen**	Für $n = 2.000$ ist die Spannweite der Trefferquote immer noch größer als 5%.	Für $n = 2.000$ ist die Spannweite der Trefferquote erstmals kleiner als 1%.
• **Stichprobenauswahl**	Erst ab $n = 3000$ ist die Spannweite der Trefferquote kleiner als 5%.	Ab $n = 500$ ist die Variabilität der Trefferquote kleiner als 4%.

Tabelle 6-15: Vergleich der beiden Netzwerkarchitekturen bezüglich der untersuchten Merkmale.

In allen untersuchten Kriterien ist der wahrscheinlichkeitsbasierte *MLP*-Ansatz der geeignete nichtlineare Ansatz zur Lösung der Klassifikationsaufgabe. Aber auch dieser Ansatz benötigt für eine erfolgreiche Generalisierung und möglichst stabile Ergebnisse immer noch sehr große Datenmengen, die in der Regel in der ökonomischen Praxis nicht zur Verfügung stehen.

7 Optimale Anzahl der verborgenen Neuronen

Ein Freiheitsgrad, auf dessen falsche Wahl die Performance des Netzes vor allem bei kleinen Stichproben empfindlich reagiert, ist die Zahl der verborgenen Neuronen. Dies wurde bereits in den Kapiteln 5.4.1 und 6.3.1 demonstriert. Wird das Netz überparametrisiert, besteht die Gefahr von Overfitting und damit einer schlechten Generalisierungsfähigkeit. Stehen dem Netz zu wenig Gewichte im Trainingsprozess zur Verfügung, dann wird dies tendenziell zu großen Abweichungen zwischen dem wahren funktionalen Zusammenhang und dem geschätzten Zusammenhang führen und damit ebenfalls zu einer schlechten Prognose (vgl. Abbildung 7-1).

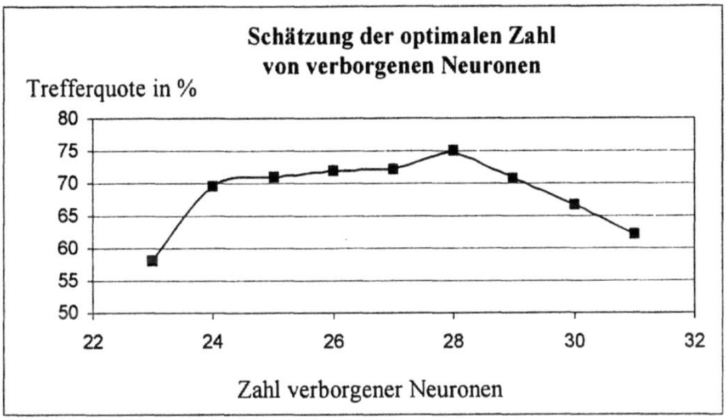

Abbildung 7-1: Abhängigkeit der Trefferquote von der Anzahl verborgener Neuronen beim dritten in diesem Kapitel künstlich generierten Datensatz (vgl. Abbildung 7-4) und einer Stichprobengröße von 100 Datensätzen.

In der Literatur gibt es viele Vorschläge zur Ermittlung der optimalen Zahl von Neuronen in der verborgenen Schicht. Einerseits handelt es sich dabei um so genannte „Daumenregeln" bzw. heuristische Regeln, die nicht mehr als einen Anhaltspunkt (wenn überhaupt) liefern können, da sie nie das konkrete vorliegende Problem berücksichtigen (Anzahl der zum Lernen zur Verfügung stehenden Datenmenge, Komplexität der zu approximierenden Funktion, Dimension des Inputraums, Vollständigkeit der Daten, Rauschen in den Daten, gewählte Topologie). Andererseits werden Informationskriterien (Schwarz-Informationskriterium[66], Akaike-Informationskriterium (Akaike, 1973)[67], Netzwerk-Informationskriterium (Murata et al., 1994)[68], Testverfahren (sogenannte Pruning-Verfahren[69]) oder andere Kriterien aus der Statistik (zum Beispiel der Determinationskoeffizient[70] oder das Predictive-Stochastic-Complexity-Kriterium[71]) zur Modellwahl vorgeschlagen. Um die Nützlichkeit dieser Kennzahlen beurteilen zu können, fehlt den Anwendungen in der Literatur die notwendige Menge an Datensätzen. Swanson und White (1997b) schätzten die Tauglichkeit des Schwarz-Informationskriteriums anhand einer Stichprobengröße von weniger als 100 Datensätzen[72] ein. Selbstverständlich benötigt man, gerade wenn die zum Lernen zur Verfügung stehende Menge gering ist, effiziente Kriterien zur Netzwerk-Optimierung, aber vorab müssen die Kriterien unabhängig von Datenbeschränkungen auf ihre Eignung zur Bestimmung der Parameter getestet werden. In diesem Kapitel werden Hypothesen über zwei zentrale Eigenschaften der optimalen Anzahl von verborgenen Neuronen überprüft, die - sollten sie bestätigt werden - Schlussfolgerungen über die Eignung verschiedener Kriterien und Kennzahlen zur Ermittlung der optimalen Zahl an verborgenen Neuronen zulassen.

7.1 Hypothesen

Betrachtet man die „Daumenregel“ von Baily und Thompson, die die Anzahl der verborgenen Neuronen auf höchstens 75% der Anzahl der Inputneuronen beschränken oder eine andere,

---

66 Vgl. Kapitel 3.

67 $AIC = -\frac{2}{T} ln\left(s^2\right) + \frac{2P}{T}$, wobei P für die Anzahl der Parameter, T für die Zahl der Trainingsdaten und s^2 für die gemittelte Summe der quadrierten Abweichungen steht.

68 siehe Anhang B.

69 Dem Netz werden vorab möglichst viele Gewichte zur Verfügung gestellt. Wenn das Fehlermaß während des Trainingsprozesses nicht mehr verbessert werden kann, werden die Gewichte mittels statistischen Tests auf ihre Signifikanz überprüft. Sollten sie sich als nicht signifikant herausstellen, werden die Verbindungen entfernt und das Netz nachtrainiert. Dieser Vorgang wird wiederholt bis das Netz nur mehr signifikante Gewichte enthält.

70 Es handelt sich dabei um das justierte Bestimmtheitsmaß, welches die Anzahl der verwendeten Parameter berücksichtigt: $r^2_{justiert} = 1 - \frac{T-1}{T-P}\left(1-r^2\right)$, wobei $r^2 = 1 - \frac{\sum_{t=1}^{T}\left(z_t - f_t\left(x_t, w\right)\right)^2}{\sum_{t=1}^{T}\left(z_t - \bar{z}\right)^2}$, T ist die Zahl der Trainingsdaten und P die Anzahl der Parameter.

71 Vgl. Kapitel 3.

72 100 Datensätze zum Trainieren, Validieren und Generalisieren UND zur Bestimmung der optimalen Zahl von verborgenen Neuronen.

die das geometrische Mittel aus der Zahl der Input- und Outputneuronen vorschlägt (vgl. (Anders, 1997), dann fällt einem kritischen Anwender sofort die unterstellte Unabhängigkeit von der Zahl der Trainingsdaten auf. Da aber mit mehr Lerndaten die Möglichkeit von weiterer Information in den zusätzlichen Daten besteht und im Allgemeinen die Gefahr des Overfittings abnimmt, ist es verwunderlich, dass die Stichprobengröße keinerlei Einfluss auf die Zahl der verborgenen Neuronen haben sollte. Daher ist als erste Hypothese zu überprüfen, ob dem wirklich so ist.

Hypothese 1: Die optimale Anzahl der verborgenen Neuronen ist abhängig von der Stichprobengröße.

In den theoretischen Beweisen zur Approximationsfähigkeit von Künstlichen Neuronalen Netzen (Cybeko, 1989; Hornik et al., 1989; Hornik et al., 1990; White, 1990; White et al., 1992; Hornik, 1993) findet man stets den Hinweis, dass eine universelle Approximationsfähigkeit möglich ist sofern „sufficiently many hidden units are available" (Hornik et al., 1989, Seite 360). Darin steckt indirekt die Annahme, dass je komplexer die Funktion ist, desto mehr verborgene Neuronen für die beste mögliche Vorhersage notwendig sind. Damit lautet die zweite zu überprüfende Hypothese:

Hypothese 2: Die optimale Zahl der notwendigen verborgenen Neuronen ist ein Maß für die Nichtlinearität des funktionalen Zusammenhangs.

Diese beiden Hypothesen werden anhand von zwei Datensätzen untersucht. Um die Hypothesen auf ihre praktische Relevanz abzuklopfen und dem Vorwurf zu entgehen, einen Datensatz ausschließlich für die zu untersuchenden Hypothesen geeignet generiert zu haben, wird mit dem realen Vegetationsdatensatz aus Kapitel 4 und 5 gearbeitet.

Zum anderen wird ein künstlich generierter Datensatz verwendet, der es erlaubt, das Ausmaß an Nichtlinearität messbar zu verändern, und so für die Untersuchung der Hypothesen kontrollierte Laborbedingungen zu schaffen. Es erfolgt eine Beschränkung auf zwei Inputvariablen, damit die Möglichkeit der graphischen Veranschaulichung gegeben ist. Um eine Benchmark für die Performance des Netzes zu haben ohne notwendigerweise ein ökonometrisches Verfahren verwenden zu müssen, wird auf Rauschen verzichtet, womit sich eine theoretische Meßlatte für die Prognosegüte von 100% ergibt. Weiters wird der Definitionsbereich auf [0,1]×[0,1] festgelegt, um einerseits die Voraussetzung der Beschränktheit des Problems für die theoretisch bewiesenen Approximationsfähigkeiten der *KNN* zu erfüllen, und andererseits damit keine (für eine Verbesserung der Lernfähigkeiten der *KNN* empfohlenen) Vortransformationen der Inputvariablen notwendig sind.

7.2 Überprüfung mittels realem Datensatz

Für eine zufällig gezogene Stichprobe mit einem Umfang von 250 Datensätzen wird sowohl ein *MLP* mit Regressionsansatz als auch ein wahrscheinlichkeitsbasiertes *MLP* trainiert. Jene Anzahl an verborgenen Neuronen gilt als optimal, die auf der Menge *G2* die höchste Trefferquote erreicht (vgl. Kapitel 5.4.1 und 6.3.1). Anschließend wird mittels *G* eine Schätzung für die „wahre" Trefferquote berechnet. Die Diskriminanzanalyse als lineares Verfahren gibt eine Schätzung des linearen Anteils des funktionalen Zusammenhangs. Um den durch das *MLP* entdeckten nichtlinearen Anteil zu erfassen, wird als Kennzahl der Quotient aus der durchschnittlichen Trefferquote vom *MLP* und der Trefferquote der Diskriminanzanalyse verwendet.

Da der wahrscheinlichkeitsbasierte Ansatz eine bessere Trefferquote erzielte, wurde eine zweite Stichprobe gleichen Umfangs gezogen und das Klassifikationsergebnis nochmals ermittelt. Die Resultate sind in Tabelle 7-1 zusammengefasst.

n	**Regressionsansatz**		**Wahrscheinlichkeitstheoretischer Ansatz**			
	Stichprobe 1		Stichprobe 1		Stichprobe 2	
	H	ØTrefferquote$_{MLP}$/ Trefferquote$_{DA}$	*H*	ØTrefferquote$_{MLP}$/ Trefferquote$_{DA}$	*H*	ØTrefferquote$_{MLP}$/ Trefferquote$_{DA}$
250	2	1,013	4	0,946	16	1,017

Tabelle 7-1: Anteil der erkannten (Nicht)Linearität, gemessen als Quotient der Trefferquoten des mehrschichtigen Perzeptrons (*MLP*) und der Diskriminanzanalyse (*DA*), in Abhängigkeit der optimalen Anzahl von verborgenen Neuronen (*H*) bei einer Stichprobengröße (*n*) von 250 Datensätzen.

Der wahrscheinlichkeitsbasierte Ansatz erreichte mit der zweiten Stichprobe eine höhere Trefferquote unter Zuhilfenahme einer größeren Zahl an verborgenen Neuronen als mit der ersten Stichprobe. Es liegt die Vermutung nahe, dass die zweite Stichprobe zusätzliche Informationen über die Datenstruktur enthielt, und um diese zu erfassen, das *MLP* noch mehr verborgene Neuronen benötigte. Damit stützen diese Ergebnisse die Hypothese, dass die Zahl der verborgenen Neuronen mit dem Anteil der erkannten Nichtlinearität bei fixierter Stichprobengröße zunimmt. Ein Vergleich der beiden Ansätze stützt die Hypothese 2 nicht, da der Regressionsansatz für Stichprobe 1 weniger verborgene Neuronen benötigt und mehr Nichtlinearität als der wahrscheinlichkeitsbasierte Ansatz erkennt. Man könnte vermuten, dass der wahrscheinlichkeitsbasierte Ansatz von vorneherein mehr verborgene Neuronen benötigt als der Regressionsansatz.

Um die Abhängigkeit der Zahl der verborgenen Neuronen von der Stichprobengröße zu analysieren, werden die Ergebnisse von den Untersuchungen in Kapitel 5.4 und in Kapitel 6.3 unter diesem Aspekt in Tabelle 7-2 dargestellt.

Stichprobengröße	**Regressionsansatz**		**Wahrscheinlichkeitsbasierter Ansatz**	
	H	ØTrefferquote$_{MLP}$/ Trefferquote$_{DA}$	*H*	ØTrefferquote$_{MLP}$/ Trefferquote$_{DA}$
100	2	0,941	3	0,850
250	2	1,013	16	1,017
500	2	1,057	5	1,040
1.000	2	0,945	6	1,057
1.500	2	0,963	5	1,071

Tabelle 7-2: Abhängigkeit der erkannten Nichtlinearität von der Stichprobengröße und der optimalen Zahl an verborgenen Neuronen (*H*).

Beim *MLP* mit Regressionsansatz ist die optimale Anzahl unabhängig von der Stichprobengröße, allerdings muss hier festgehalten werden, dass für alle Stichprobengrößen die Performance des Netzes nicht signifikant größer ist als die Trefferquote der Diskriminanzanalyse. Die Spannweiten der Trefferquoten sind zu groß und man kann daher aufgrund dieses Ergebnisses nicht von einer signifikanten Widerlegung der Hypothese sprechen.

Der wahrscheinlichkeitsbasierte Ansatz übertrifft bereits ab einer Stichprobengröße von 500 Datensätzen die Qualitätskennzahl der Diskriminanzanalyse signifikant. Diese Ergebnisse belegen eine Abhängigkeit der optimalen Zahl verborgener Neuronen von der Stichprobengröße. Daher ist es nicht möglich, für eine einzige Stichprobengröße eine Schätzung für diese Zufallsvariable zu ermitteln und dann diese Anzahl verborgener Neuronen für alle Stichprobengrößen zu verwenden. Mit Hilfe der zur Verfügung stehenden Lerndatenmenge müssen nicht nur die Gewichte selbst sondern auch ihre optimale Anzahl geschätzt werden.

Die Hypothese 2 wird ab 500 Lerndaten bestätigt, denn ein signifikant höherer Anteil an erkannter Nichtlinearität wird jedes Mal mit einer größeren optimalen Zahl an Neuronen erreicht. Hypothese 2 hält nicht, wenn man die optimalen Zahlen über alle Stichprobenumfänge hinweg vergleicht. Obwohl der Anteil der erkannten Nichtlinearität von 100 Lerndatensätzen bis 1.500 Lerndatensätzen beim wahrscheinlichkeitsbasierten Ansatz kontinuierlich steigt, ist die optimale Zahl von verborgenen Neuronen in diesem Bereich nicht monoton steigend.

7.3 Künstliche Datensätze

7.3.1 Beschreibung der Datensätze

Bei der Generierung der Datensätze wird vor allem Wert darauf gelegt, dass ein hoher Anteil an Nichtlinearität in den Daten steckt oder mit anderen Worten, dass die lineare Beschränkung der Diskriminanzanalyse möglichst zum Tragen kommt. Weiters soll der Grad der Nichtlinearität von Datensatz zu Datensatz erhöht werden, um besonders die Abhängigkeit der optimalen Zahl der verborgenen Neuronen von der erkannten Nichtlinearität demonstrieren zu können.

Damit die Ergebnisse verglichen werden können, werden die gleichen Stichprobengrößen wie beim realen Datensatz untersucht und eine analoge Vorgehensweise bei der Bestimmung der verborgenen Neuronen gewählt ($|G2| \geq 4.500$, aus 6000 Datensätzen wurden jeweils zufällig die Stichproben gezogen). Da es sich beim realen Problem um eine Klassifikation handelt, wird auch die Fragestellung zum künstlich generierten Datensatz als Klassifikationsaufgabe formuliert. Die drei ausgewählten funktionalen Zusammenhänge mit ihrer konkreten Fragestellung erfüllen folgende Anforderungen:

- Zweidimensionaler Inputraum (zur graphischen Veranschaulichung)
- Beschränkung des Inputraums auf [0,1]x[0,1]
- Hoher Anteil an Nichtlinearität
- Unterschiedlicher Grad an Nichtlinearität
- Gleichverteilung der Klassen

Der erste verwendete funktionale Zusammenhang

$$f(x_1,x_2) = sin(4x_1 - 0,5) \cdot sin(4x_2 - 0,5)$$

ist graphisch in Abbildung 7-2 dargestellt.

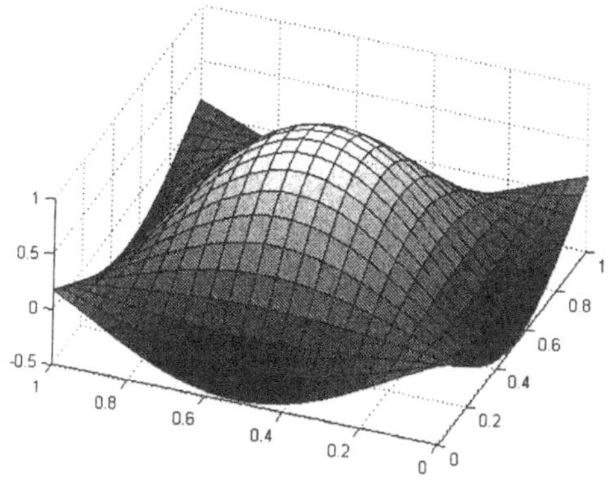

Abbildung 7-2: Graphische Darstellung des ersten künstlich generierten Datensatzes.

Damit die Klassen gleichverteilt sind, wird (für alle Datensätze) mit Hilfe der Quantile die Einteilung in die Klassen folgendermaßen festgelegt:

	$f(x_1,x_2) <$ 33,33% - Quantil	→ 1. Klasse
33,33% - Quantil ≤	$f(x_1,x_2) <$ 66,66% - Quantil	→ 2. Klasse
66,66% - Quantil ≤	$f(x_1,x_2)$	→ 3. Klasse

Die funktionalen Zusammenhänge der zwei weiteren Datensätze lauten:

- $f(x_1,x_2) = sin(7x_1 - 0,3) \cdot sin(7x_2 - 0,3)$ (vgl. Abbildung 7-3),
- $f(x_1,x_2) = sin(9,4x_1) \cdot sin(9,4x_2 - 3,4)$ (vgl. Abbildung 7-4).

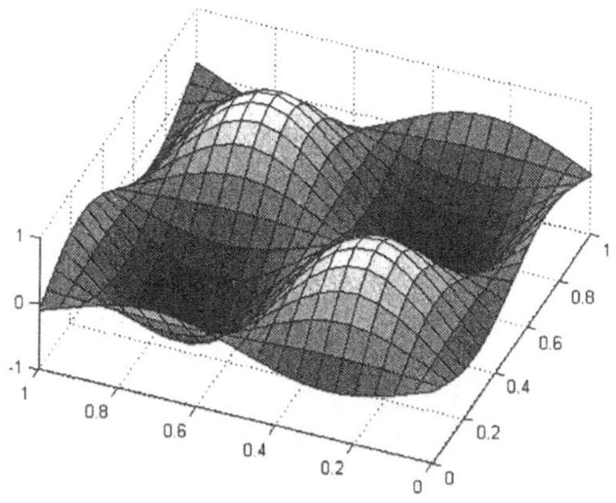

Abbildung 7-3: Graphische Darstellung des zweiten künstlich generierten Datensatzes.

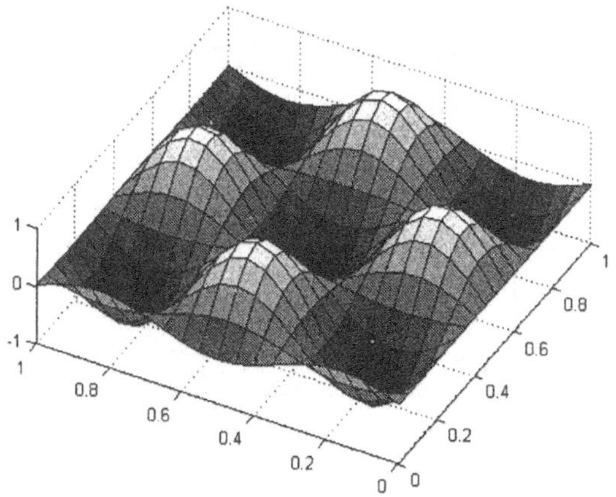

Abbildung 7-4: Graphische Darstellung des dritten künstlich generierten Datensatzes.

Um den Grad der Nichtlinearität für jede zu untersuchende Stichprobengröße beurteilen zu können, wird vorab eine Klassifikation mittels Diskriminanzanalyse durchgeführt. Die dabei erzielten Trefferquoten (Tabelle 7-3) sprechen für den hohen Anteil an Nichtlinearität in den Datensätzen und damit für die Eignung zum Testen der Hypothesen.

	Trefferquote der Diskriminanzanalyse		
Stichprobengröße	**Datensatz 1**	**Datensatz 2**	**Datensatz 3**
100	42,8%	30,1%	30,6%
250	49,2%	40,9%	36,5%
500	52,2%	38,5%	31,6%
1.000	50,2%	36,5%	37,5%
1.500	50,5%	36,9%	41,1%

Tabelle 7-3: Trefferquote der Diskriminanzanalyse für jede Stichprobengröße und für alle drei künstlich generierten Datensätze.

Der Anteil der Nichtlinearität, definiert als 100% abzüglich der Trefferquote des linearen Verfahrens, hat vom ersten Datensatz zu den beiden anderen Datensätzen zugenommen, allerdings kann man nicht einheitlich für alle Stichprobengrößen jenen Datensatz mit dem höchsten Anteil an Nichtlinearität bestimmen. Dies scheint auf den ersten Blick ein Nachteil zu sein, ist aber für die Überprüfung der Hypothesen ohne Bedeutung. Wichtig sind nur möglichst unterschiedliche Trefferquoten der Diskriminanzanalyse, um mit dem *MLP* verschiedene Grade an Nichtlinearitäten approximieren zu können.

7.3.2 Ergebnisse

Für jede Stichprobengröße und jeden Datensatz wird die optimale Zahl der verborgenen Neuronen bestimmt. Das Netz wird trainiert und jene Zahl von verborgenen Neuronen gilt als optimal, die die höchste Trefferquote auf der Generalisierungsmenge *G2* erzielt. Die Ergebnisse sind für die jeweiligen Datensätze in Tabelle 7-4, Tabelle 7-5 und Tabelle 7-6 zusammengefasst.

DATENSATZ 1				
Wahrscheinlichkeitsbasierter Ansatz				
Stichprobengröße	Optimale Zahl verborgener Neuronen	∅Trefferquote *MLP*	∅Trefferquote$_{MLP}$ - Trefferquote$_{DA}$	∅Trefferquote$_{MLP}$/ Trefferquote$_{DA}$
100	19	83,81%	41,01%	1,958
250	31	93,48%	44,28%	1,900
500	36	96,04%	43,71%	1,840
1.000	28	97,08%	46,88%	1,934
1.500	26	97,58%	47,08%	1,932

Tabelle 7-4: Abhängigkeit der optimalen Zahl von verborgenen Neuronen von der Stichprobengröße und dem Grad der erkannten Nichtlinearität für den ersten Datensatz.

DATENSATZ 2				
Wahrscheinlichkeitsbasierter Ansatz				
Stichprobengröße	Optimale Zahl verborgener Neuronen	ØTrefferquote *MLP*	ØTrefferquote$_{MLP}$ - Trefferquote$_{DA}$	ØTrefferquote$_{MLP}$/ Trefferquote$_{DA}$
100	18	80,56%	50,46%	2,676
250	32	85,51%	44,61%	2,091
500	36	92,38%	53,88%	2,399
1.000	38	94,24%	57,74%	2,582
1.500	37	94,80%	57,90%	2,569

Tabelle 7-5: Abhängigkeit der optimalen Zahl von verborgenen Neuronen von der Stichprobengröße und dem Grad der erkannten Nichtlinearität für den zweiten Datensatz.

DATENSATZ 3				
Wahrscheinlichkeitsbasierter Ansatz				
Stichprobengröße	Optimale Zahl verborgener Neuronen	ØTrefferquote *MLP*	ØTrefferquote$_{MLP}$ - Trefferquote$_{DA}$	ØTrefferquote$_{MLP}$/ Trefferquote$_{DA}$
100	28	75,02%	44,42%	2,452
250	33	85,15%	48,65%	2,333
500	36	90,44%	58,84%	2,862
1.000	36	92,16%	54,66%	2,458
1.500	35	93,33%	52,23%	2,271
2.000	35	93,65%	48,05%	2,054

Tabelle 7-6: Abhängigkeit der optimalen Zahl von verborgenen Neuronen von der Stichprobengröße und dem Grad der erkannten Nichtlinearität für den dritten Datensatz.

Für alle drei Datensätze gilt, dass die optimale Zahl der verborgenen Neuronen nicht unabhängig von der Stichprobengröße (und von der abgebildeten Nichtlinearität) ist. Auch wenn es laut Analysen so aussieht, als ob sich die optimale Zahl verborgener Neuronen mit sehr umfangreichen Datensätzen auf eine Konstante einpendelt.

Die Bestätigung der Hypothese 1 sowohl mit dem künstlichen als auch mit dem realen Datensatz führt zu der für Anwender wichtigen Schlussfolgerung, keine „Daumenregeln" zu verwenden, die diese wichtige Einflussgröße in ihrer Kalkulation unberücksichtigt lassen. Um dieses Argument noch zu untermauern, sei an dieser Stelle noch einmal auf eine Eigenschaft des Softwareproduktes Neural Connection von SPSS hingewiesen. Für ein Problem mit zwei Inputneuronen und drei Outputneuronen schlägt dieses Programm unabhängig vom vorliegenden Datensatz und insbesondere unabhängig von der Stichprobengröße als optimale Zahl drei verborgene Neuronen vor. Mit dieser Netzarchitektur wird die beste mögliche Trefferquote nicht nur um wenige Prozent verfehlt, sondern zum Beispiel weicht die erzielte Trefferquote für den ersten Datensatz und einer Stichprobengröße von 500 Datensätzen um mehr als

20 Prozentpunkte von jener, berechnet mittels optimierter Parameterzahl, ab. Die zu starke Einschränkung der Zahl der Gewichte hat eine schlechte Performance des Netzes zur Folge. Der Anwender muss daher große Sorgfalt bei der Ermittlung dieses sensiblen Freiheitsgrades von Künstlichen Neuronalen Netzen walten lassen. Aufgrund der Erkenntnis, dass die Fixierung nur situativ erfolgen kann, kommt für den Anwender erschwerend hinzu, dass er zur Bestimmung der optimalen Zahl von verborgenen Neuronen (fast) nie eine derart große Zahl von Beobachtungseinheiten wie im durchgeführten Experiment zur Verfügung hat, statt dessen muss er mit den wenigen vorhanden Daten, das Netz trainieren und validieren, die Parameterzahl optimieren und abschließend das *MLP* generalisieren. Für eine möglichst verzerrungsfreie Schätzung der optimalen Zahl von verborgenen Neuronen sind aber ein paar hundert Lerndaten, wie in der Mehrzahl der ökonomischen Anwendungen, zu wenig.

Als nächstes werden die Ergebnisse zur experimentellen Überprüfung von Hypothese 2 verwendet. Um die Repräsentativität der Trainingsdaten für alle Datensätze gleich zu lassen, wird das Ergebnis der Stichprobengröße 100 beim ersten Datensatz mit dem Ergebnis der Stichprobengröße 250 beim zweiten Datensatz und 500 beim dritten Datensatz verglichen. Folglich wird ein „Höcker" in der graphischen Darstellung durch ca. 100 Datensätze repräsentiert. Analoge Vergleiche finden für eine Repräsentativität von ca. 250 und 500 Datensätzen pro „Höcker" statt (vgl. Tabelle 7-7).

Repräsentativität 100		**Repräsentativität 250**		**Repräsentativität 500**	
H	ØTrefferquote$_{MLP}$/ Trefferquote$_{DA}$	*H*	ØTrefferquote$_{MLP}$/ Trefferquote$_{DA}$	*H*	ØTrefferquote$_{MLP}$/ Trefferquote$_{DA}$
19	1,958	31	1,900	36	1,840
32	2,091	36	2,399	38	2,582
36	2,862	36	2,458	35	2,054

Tabelle 7-7: Abhängigkeit der optimalen Zahl verborgener Neuronen vom Grad der abgebildeten Nichtlinearität.

Die Resultate sprechen (bei einer Repräsentativität von 100 deutlich) für die Hypothese, dass je höher der Grad der durch das Netz abgebildeten Nichtlinearität ist, desto größer ist die optimale Zahl der verborgenen Neuronen, und bekräftigen damit auch die mit dem realen Datensatz erzielten Ergebnisse. Welche Schlussfolgerungen lassen sich daraus für den Anwender ziehen? Kriterien zur Ermittlung der optimalen Netzstruktur, die zu stark die Parameterzahl einschränken und damit unter anderem oft auch lineare Modelle favorisieren, sind ungeeignet zur Auffindung der optimalen Parameterzahl. Aufgrund dieser Überlegungen ist daher auch das Akaike Informationskriterium (*AIC*) dem Schwarz Kriterium (*SIC*) vorzuziehen, da das Schwarz Kriterium zusätzliche Parameter (Parameterzahl *P*) in Abhängigkeit der Anzahl der zum Training zur Verfügung stehenden Beobachtungen (*T*) wesentlich stärker bestraft:

$$\frac{\partial SIC}{\partial P} = \frac{\ln T}{T}, \qquad \frac{\partial AIC}{\partial P} = \frac{2}{T}.$$

Abbildung 7-5, die den Zusammenhang zwischen der optimalen Zahl von verborgenen Neuronen und der abgebildeten Nichtlinearität ungeachtet der Repräsentativität der Trainingsdaten wiedergibt, stützt eindeutig Hypothese 2.

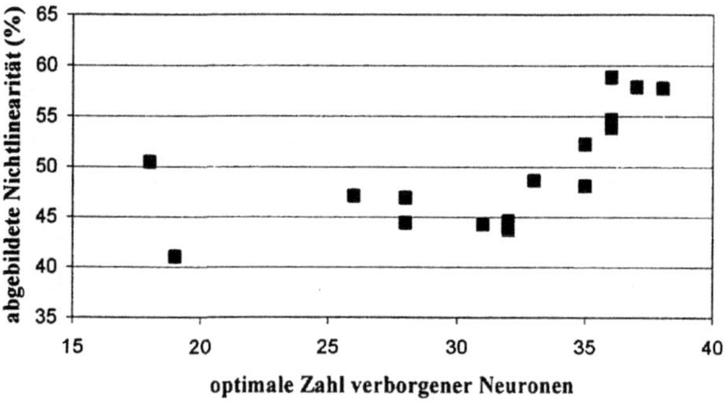

Abbildung 7-5: Graphische Darstellung des positiven Zusammenhangs zwischen der optimalen Zahl an verborgenen Neuronen und der durch das Netz erkannten Nichtlinearität, operationalisiert als Differenz der durch das *MLP* erreichten Trefferquote und der Trefferquote der Diskriminanzanalyse.

Die Überprüfung der Stärke des Zusammenhangs ergab einen signifikanten Pearson-Korrelationskoeffizienten von 0,566, und damit eine signifikante Bestätigung einer positiven Korrelation zwischen den beiden Variablen.

Für den praktischen Einsatz mehrschichtiger Perzeptrone konnte auch unter dem gerade untersuchten Aspekt wieder die Notwendigkeit einer umfangreichen Datenbasis aufgezeigt werden, denn die optimale Parameterzahl des Netzes muss anhand des vorliegenden Problems ermittelt werden.

8 Schlussfolgerungen

Aufgrund der theoretisch bewiesenen Fähigkeiten und der Vielzahl ihrer Anwendungsmöglichkeiten für Prognose-, Klassifikations-, Cluster- und Optimierungsaufgaben sind Künstliche Neuronale Netze ein faszinierendes nichtlineares Analyseverfahren für die unterschiedlichsten Fragestellungen in den verschiedensten wissenschaftlichen Disziplinen. Bei der Anwendung dieses Instrumentariums werden in der Regel keine expliziten Annahmen über die funktionale Form des zu modellierenden Zusammenhangs getroffen. Damit besteht die eigentliche Aufgabe nicht mehr in der a priori substanzwissenschaftlichen Fundierung der zugrunde gelegten Zusammenhänge für die Modellierung, viel mehr erlaubt das trainierte Künstliche Neuronale Netz mit Hilfe einer Sensitivitätsanalyse die Identifikation wichtiger Inputvariablen sowie der Einflussstärke der Variablen auf den entsprechenden Output. Es ist aber auch möglich, wie in Kapitel 5.3.2 und 6.2.2 dargestellt wurde, mittels eines Expertensystems, bestehend aus mehreren Verfahren, fehlende Information in den unabhängigen Variablen nachzuweisen oder a priori fehl spezifizierte Beobachtungseinheiten zu entdecken.

Im Gegensatz zu den klassischen statistischen Verfahren kann man sich dieser Vorzüge nicht so einfach bedienen. Künstliche Neuronale Netze sind (noch) kein standardisiertes Modellierungsinstrument wie die Regressions- oder die Diskriminanzanalyse, sondern eher ein Baukasten, bei dem die Anleitung zur Handhabung der Einzelbestandteile noch nicht geschrieben wurde. Kapitel zwei und drei zeigten die für einen praktischen Einsatz zu fixierenden Freiheitsgrade des mehrschichtigen Perzeptrons auf: Auswahl der Inputvariablen, ob und welche Vortransformation der Daten, Art der Netzverbindungen, Zahl der Schichten, Anzahl der verborgenen Neuronen, Wahl der Aktivierungsfunktionen, Auswahl der Fehlerfunktion, Entscheidung für ein Lernverfahren und Fixierung der dazugehörigen Parameter, Festlegung der Stichprobengröße, Aufteilung des Datensatzes auf Trainings-, Validierungs- und Generalisierungsmengen, Art und Zahl der Gewichtsinitialisierungen, und Stichprobenauswahl.

Für die Mehrzahl dieser Größen gibt es in der Literatur nur Gestaltungsvorschläge oder Empfehlungen, aber keine wissenschaftlich fundierten Regeln. Die Abhängigkeit der Performance der Künstlichen Neuronalen Netze von den Rahmenbedingungen wurde nur bedingt untersucht. Dies geht soweit, dass man für die Ausgestaltung auf die notwendige „Erfahrung" des Modelldesigners für eine effiziente Anwendung verweist, und damit die Modellierung in den Bereich der Kunst statt in den des Handwerks oder den der Wissenschaft gibt. Diese Arbeit untersuchte auf der Grundlage eines realen und eines künstlich generierten Datensatzes die Abhängigkeit der Trefferquote des mehrschichtigen Perzeptrons von

- der Stichprobengröße,
- den Gewichtsinitialisierungen,
- der Stichprobenauswahl,
- der optimalen Anzahl verborgener Neuronen und
- der Fehlerfunktion.

Die Qualität der Trefferquote, ermittelt mit der für Klassifikationsaufgaben korrekten Netzwerkarchitektur, ist unabhängig von der Art der Fehlerfunktion. Für das mehrschichtige Perzeptron wurde als Fehlermaß sowohl die quadratische Funktion als auch die $ln(cosh(x))$-Funktion, die die Fehler proportional zu ihrer Größe behandelt, verwendet. Es konnten keine signifikanten Unterschiede in der Höhe der Trefferquote nachgewiesen werden.

Stichprobengröße

Um eine nichtlineare Oberfläche ausreichend approximieren zu können, ist eine hinreichend große Trainingsdatenmenge notwendig („curse of dimensionality"; Bell, 1961). Die entscheidende Frage ist, welche Größenordnung die notwendige Stichprobe für „zufrieden stellende" Ergebnisse aufweisen muss.

Zur Handhabung linearer Probleme benötigt man weder Künstliche Neuronale Netze als Modellierungsinstrument noch sind große Stichproben dafür notwendig. Statistische lineare Verfahren wie zum Beispiel die Regressions- oder die Diskriminanzanalyse sind für diese Zwecke zwangsläufig besser geeignete Verfahren.

Selbst wenn es sich um ein hochgradig nichtlineares Problem handelt, aber der funktionale Zusammenhang aufgrund theoretischer Überlegungen spezifiziert werden kann, verwendet man keine Künstlichen Neuronalen Netze. Andere nichtlineare Verfahren (z. B. nichtlineare Regressionsanalyse) kommen auch bei dieser Konstellation mit kleineren Stichproben zurecht. Wenn allerdings das Rauschen in den Daten hoch ist oder einige Datensätze unvollständig sind, verschiebt sich der notwendige Stichprobenumfang hin zu größeren Werten.

Handelt es sich beim zu untersuchenden Problem um einen hochgradig **nichtlinearen und unspezifizierten** funktionalen Zusammenhang, mit anderen Worten um das Einsatzgebiet von Künstlichen Neuronalen Netzen, dann benötigt auch jedes andere für diese Problemstellung grundsätzlich geeignete Verfahren große Stichproben, die den Inputraum möglichst repräsentativ abbilden. Beim untersuchten Fallbeispiel handelt es sich um ein derartiges nichtlineares, unspezifiziertes Problem und die Experimente zeigen, dass mindestens 500 Datensätze für akzeptable Ergebnisse vonnöten sind. Für wirklich gute Approximationsresultate allerdings benötigt das mehrschichtige Perzeptron deutlich mehr Datensätze zum Trainieren. Diese Mengen liegen in Bereichen, die für ökonomische Fragestellungen meist nicht zur Verfügung stehen. Aber mit weniger Datensätzen rentiert sich der Einsatz dieser nichtlinearen Ansätze nicht, denn die Trefferquoten sind zu schlecht und der Aufwand steht in keiner Relation zu den erzielten Performancewerten.

Instabilität bezüglich Gewichtsinitialisierungen

Zur nichtlinearen Optimierung müssen iterative Algorithmen verwendet werden. Ein üblicherweise unvermeidbares Charakteristikum dieser Methoden bei Existenz mehrerer lokaler Optima auf der zu scannenden, nichtlinearen Oberfläche ist die Abhängigkeit der ermittelten Optima vom willkürlich gewählten Iterationsstartpunkt. Diese unterschiedlichen Optima können quantitativ sehr weit auseinander liegen und um die Möglichkeit, das Optimum optimorum zu finden, zu gewährleisten, sind viele Gewichtsinitialisierungen notwendig. Die Zahl der notwendigen Anfangsinitialisierungen hängt stark von der Stichprobengröße ab. Bei kleinen Stichprobengrößen und damit schlechter Repräsentativität ist die Variabilität zwischen den Stützpunkten groß und mehr Gewichtsinitialisierungen müssen vorgenommen werden. Diese grundlegenden Eigenschaften wurden beim mehrschichtigen Perzeptron experimentell überprüft und quantifiziert. Bei Stichprobengrößen, die kleiner oder gleich 2.000 Datensätze sind, ist die Qualität der Trefferquote aufgrund der Anfangsinitialisierungen der Gewichte durchaus erheblichen Schwankungen unterworfen. Beim Regressionsansatz sinkt die Spannweite der Trefferquote von rund 21% bei einer Stichprobengröße von 100 Datensätzen auf immerhin noch 5% bei einem Datenumfang von 2.000. Um einiges unempfindlicher von der Gewichtsinitialisierung ist der wahrscheinlichkeitsbasierte Ansatz, bei dem die Spannweite der Trefferquote bei 100 Datensätzen bereits nur ca. 6% beträgt und dann sogar bis auf unter 1% zurückgeht. Diese Ergebnisse implizieren für praktische Probleme:

1. Die (extreme) Abhängigkeit von den Ausgangsgewichten nimmt mit der Zunahme der Trainingsdaten ab.

2. Eine größere Zahl von Rechengängen mit stochastisch variierenden Anfangsgewichten muss durchgeführt werden.
3. Wichtige Parameter der damit erzielten Ergebnisse müssen publiziert werden.
4. *KNN* - Programme müssen dem Anwender die Möglichkeit geben, die Anzahl der durchzuführenden Gewichtsinitialisierungen und damit der Trainingsläufe einzugeben, so dass dieser Vorgang automatisiert ablaufen kann.

Dieses Vorgehen erfordert zwar einen etwas höheren technischen Aufwand (bei großen Datenmengen ist er derzeit noch erheblich), wegen seiner inhaltlichen Bedeutung muss man dieses Vorgehen aber dennoch zu den handwerklichen Mindeststandards rechnen.

Instabilität bezüglich der Auswahl der Stichprobe

Für fast alle praktischen Anwendungen der *KNN*, wie für Anwendungen anderer Methoden auch, gilt, dass der verfügbare Datensatz als Stichprobe für eine größere Grundgesamtheit angesehen werden kann. Nun werden aber gerade bei den Künstlichen Neuronalen Netzen aus dieser Stichprobe nochmals drei Stichproben gezogen, um den zur Verfügung stehenden Datensatz in Trainings-, Validierungs- und Generalisierungsmengen zu unterteilen. Das Potential des Verfahrens hängt stark von der Repräsentativität aller drei „Stichproben" ab. Damit haben gerade der Charakter der Stichprobe und ihre Verteilungseigenschaften eine besondere Bedeutung für die Performance dieser Methode. Alle drei Teilmengen müssen den Ereignisraum der Variablen repräsentativ abbilden, damit die Grundvoraussetzung für eine möglichst gute Approximation des funktionalen Zusammenhangs gegeben ist. Diese Abdeckung des Ereignisraums stellt bei Querschnittsdaten nicht so ein großes Problem dar wie bei Längsdaten, da bei der ersten Problemstellung davon ausgegangen werden kann, dass mit Zunahme der Stichprobengröße und bei sorgfältiger Stichprobenziehung auch die Repräsentativität der Stichprobe steigt. Längsdaten hingegen beinhalten die Gefahr des Strukturbruchs und daher sind aus diesem Grund die Stichprobenumfänge bereits limitiert oder die Repräsentativität nicht gegeben. Dies ist kein inhärentes Problem von Künstlichen Neuronalen Netzen sondern von allen ökonometrischen Verfahren. Beim Querschnittsproblem, das in der Arbeit untersucht wurde, spiegelt die durchgeführte Sensitivitätsanalyse genau obiges Problem wieder. Bei kleineren Stichprobengrößen unterliegt die Trefferquote erheblichen Zufallsschwankungen in Bezug auf die Stichprobenauswahl. Von der kleinsten untersuchten Stichprobengröße (100 Datensätze) bis zu 500 Lerndaten sinkt die Spannweite der Trefferquote von anfangs ca.

13% auf 4%. Nachdem meist nur ein Datensatz vorliegt, muss der Charakter der erzielten Trefferquote als Ergebnis eines Zufallsexperimentes zumindest in der Interpretation berücksichtigt werden, und um eine erwartungstreue Schätzung für die „wahre“ Trefferquote zu erhalten, reicht eine einzige Berechnung bei kleinen Stichproben nicht aus.

Wünschenswert wären bessere Kenntnisse über die Verteilungseigenschaften und deren Auswirkungen auf die Performance des Netzwerkes. In diese Forschungsrichtung fehlen noch die notwendigen Arbeiten.

Optimale Anzahl von verborgenen Neuronen

Neben der Stichprobengröße ist die Zahl der verborgenen Neuronen ein wichtiger Freiheitsgrad, dessen Fehljustierung negative Auswirkungen auf die Höhe der Trefferquote hat. Im neuronalen Kontext, wie auch bei anderen Verfahren, gilt dass eine zu große Zahl freier Parameter zu einer Überanpassung des Datensatzes (Overfitting) führt, ohne dass das Modell etwas über die Struktur der Daten gelernt hätte. Ein zu kleines Modell ist sehr unflexibel. Es passt sich zwar nicht sehr stark an Störterme an, es ist aber ebenso wenig in der Lage, die wahre Funktion nachzubilden und führt tendenziell zu großen Abweichungen zwischen der Modellschätzung und der wahren Funktion (Bias). Daher müssen dem Künstlichen Neuronalen Netz nur so viele Parameter wie unbedingt nötig zur Verfügung gestellt werden. Diese optimale Zahl von verborgenen Neuronen ist eine Zufallsvariable, für die ebenfalls mit den vorhandenen Trainingsdaten eine möglichst gute Schätzung ermittelt werden muss. Da in dieser Arbeit „keine“ Datenbeschränkung vorlag, konnten grundlegende Eigenschaften der optimalen Zahl verborgener Neuronen untersucht werden. Von Interesse war dabei die Abhängigkeit von der Stichprobengröße und von der vom Künstlichen Neuronalen Netz abgebildeten Nichtlinearität. In Kapitel sieben wurde anhand des künstlich generierten Datensatzes nachgewiesen, dass

1. die optimale Zahl der verborgenen Neuronen eindeutig von der Stichprobengröße abhängt,
2. die Variablen „optimale Zahl verborgener Neuronen“ und „der Grad der erkannten Nichtlinearität“ signifikant positiv korrelieren, und
3. die Variabilität der Trefferquote bezüglich der Zahl der verborgenen Neuronen mit Zunahme der Stichprobengröße abnimmt.

Die Resultate vom realen Datensatz unterstreichen die gezeigten Eigenschaften dieser Zufallsvariablen.

Damit sind sämtliche Faustregeln, die die Stichprobengröße in die Berechnung der optimalen Anzahl der verborgenen Neuronen nicht einbeziehen, unbrauchbar und führen im Allgemeinen zu schlechten Prognoseergebnissen. Da eindeutig gezeigt worden ist, dass mit der Zunahme an erkannter Nichtlinearität auch die notwendige Zahl der verborgenen Neuronen steigt, sind alle Kennzahlen zur Ermittlung der optimalen Zahl von Neuronen in der verborgenen Schicht, die lineare Modelle bevorzugen und das Steigen der Parameterzahl ohne Berücksichtigung der Komplexität im Datenmaterial bestrafen, mit Vorsicht anzuwenden. Denn bei der Verwendung derartiger Kennzahlen wird das Potential der *KNN* von vorne herein unnötig eingeschränkt. Wichtig ist wiederum, dass der zu untersuchende Datensatz eine Größenordnung aufweist, die eine Schätzung dieser Zufallsvariablen mit den gewünschten statistischen Eigenschaften zulässt.

Resümee

Die wesentlichen Ergebnisse dieser Arbeit lassen sich kurz in den folgenden Punkten zusammenfassen:

- Der eigentliche Vorzug Künstlicher Neuronaler Netze liegt in der bescheidenen vorab Spezifizierung funktionaler Zusammenhänge. Dieser geht aber – wie **alle** Ergebnisse dieser Arbeit zeigten - auf Kosten eines enormen Datenhungers, der in den meisten praktischen Anwendungen nicht gestillt werden kann, und somit ist ein effizienter Einsatz der Methode fraglich.
- Mehrere Gewichtsinitialisierungen sind zum Erreichen des Optimum optimorums vor allem bei kleinen Stichprobengrößen unumgänglich.
- Es besteht ein eindeutiger Zusammenhang zwischen der optimalen Zahl von verborgenen Neuronen, der Stichprobengröße und der durch das Neuronale Netz abgebildeten Nichtlinearität.

Diese Ergebnisse der Arbeit basieren auf einer empirischen Fallstudie und eines künstlich generierten Datensatzes. Aufgrund der aufgestellten Anforderungen an die Datensätze (vgl. Kapitel 5.1 und 7.1) liegt aber die Vermutung nahe, dass die Ergebnisse sehr stabil und auch verallgemeinerbar sind.

Neben diesen Resultaten konnte die Arbeit auch die folgenden Forschungsschwerpunkte für einen weiteren wesentlichen Beitrag zu den Anwendungseigenschaften Künstlicher Neuronaler Netze aufzeigen:

1. Die Resultate sollten mit anderen Datensätzen nachvollzogen werden, um das Erfahrungspotential zu erhöhen.
2. Die Verteilungseigenschaften der Stichprobenauswahl sind für eine möglichst optimale Repräsentativität zu vertiefen.
3. Der Charakter der optimalen Zahl verborgener Neuronen als Zufallsvariable müsste noch mehr heraus gearbeitet und die Verteilungseigenschaften dieser Größe überprüft werden mit dem Ziel, geeignete Methoden zur Fixierung dieses Freiheitsgrades zu finden.

Anhang A: Charakterisierung der Pflanzengesellschaften im Untersuchungsgebiet

Klasse	Bezeichnung	
1	Larici-Piceetum	Subalpiner Silikat-Fichtenwald
2	Larix decidua-Larici-Piceetum-Variante	Lärchen-Variante des subalpinen Silikat-Fichtenwaldes
3	Rhododendretum ferruginei mit Juniperus communis	Bodensaure Alpenrosenheiden mit Zwerg-Wacholder
4	Empetro-Vaccinietum gaultherioidis	Rauschbeerenheiden
5	Junipero-Arctostaphyletum	Bärentraubenheiden
6	Avenella flexuosa-(Carici-Epilobion)-Gesellschaft	Holzschlag der Stengel-Schmire und der Besenheide
7	Carici curvulae-Nardetum	Krummseggen-Bürstlingsrasen
8	Juncetum trifidi	Gesellschaften der Dreispaltigen Binse
9	Androsacion multiflorae	Silikatfels-Gesellschaften
10	Caricetum sempervirentis	Silikat-Horstseggenhalden
11	Caricetum sempervirentis mit Arctostaphylos uva-ursi	Silikat-Horstseggenhalden mit Bärentraube
12	Sieversio-Nardetum strictae	Subalpin-alpine Borstgrasweiden
13	Hypochoero-Nardetum	Ferkelkraut-Borstgraswiesen
14	Hypochoero-Nardetum (Sieversio-Nardetum strictae) mit Vaccinium-Arten und Carex sempervirens	Ferkelkraut-Borstgraswiesen, verstraucht
15	Festuco-Agrostietum	Rotschwingel-Straußgraswiesen
16	Crepido-Festucetum commutatae	Subalpine Milchkrautweide
17	Poion alpinae mit Phleum rhaeticum	Alpen-Fettweiden mit Alpen-Lieschgras
18	Rumicion alpini	Lägerflur mit Meisterwurz
19	Scheuchzerio-Caricetea fuscae	Kleinseggensümpfe und -moore
20	Pioneer vegetation	Pioniergesellschaften
21	Sown vegetation	Einsaat-Vegetation

Tabelle A-1: Zuordnung der Pflanzengesellschaft zur Klassennummer.

Klasse 1: Larici-Piceetum, Subalpiner Silikat-Fichtenwald

Der großflächige, gleichförmige subalpine Silikat-Fichtenwald ist in den Silikatgebieten der Alpen verbreitet. Die überwiegend silikatische Grundgesteine sind Quarzporphyr und -phyllit, Granit, Gneis und Quarzit. Er besiedelt Standorte jeder Exposition. In den Zwischenalpen, wo Zirben-Lärchenwälder fehlen, bildet die Gesellschaft die obere Waldgrenze.

Der Subalpine Silikat-Fichtenwald kommt im Untersuchungsgebiet zwischen 1300 und 1950m Meereshöhe vor. Aufgrund des Fehlens des Zirben-Lärchenwaldes handelt es sich um eine Schlusswaldgesellschaft. Die im Untersuchungsgebiet größtenteils anthropogen bedingte Waldgrenze wurde an vielen Stellen bis auf 1650m Meereshöhe herabgesetzt. Eine soziologisch-ökologische Beurteilung der Ausbildungen der Zwergstrauchbestände auf ehemaligen

Mähwiesen im Untersuchungsgebiet sowie die Erfassung aller freistehenden Bäume oberhalb der aktuellen Waldgrenze lassen auf die Höhenlage der natürlichen Waldgrenze im Untersuchungsgebiet schließen. Sie liegt im Bereich von 1900 bis 2050m Meereshöhe. Nur an wenigen, unzugänglichen Steilhängen ist die Waldgrenze noch in der natürlichen Form vorzufinden.

Klasse 2: Larix decidua-Larici-Piceetum-Variante, Lärchen-Variante des subalpinen Silikat-Fichtenwaldes

Die aufgelockerten Lärchen-Bestände befinden sich im Untersuchungsgebiet zwischen 1700 und 1800m Meereshöhe und deuten auf einen ehemaligen Nutzungseinfluss hin. Die Lärchenbestände des Untersuchungsgebietes sind häufig mit den angrenzenden und aufgelassenen Magerwiesen (nicht gedüngt, nährstoffarm), denen bereits vereinzelt aufkommenden Lärchen beigemischt sind, Mosaik haft verzahnt. An einigen Standorten der Lärchenvariante kann ein allmähliches Aufkommen der Fichte beobachtet werden. Auf weiter fortgeschrittenen Waldstadien des Gebietes ist die Lärche durch die starke Konkurrenz der annähernd gleichwüchsigen Fichte bereits stark zurückgetreten.

Klasse 3: Rhododendretum ferruginei mit Juniperus communis, Bodensaure Alpenrosenheiden mit Zwerg-Wacholder

Alpenrosenbestände kommen häufig in den zentralen Silikatalpen vor, wobei meist der Zwergwacholder beigemischt ist. Die Alpenrosenheide ist aufgrund der geringen Resistenz gegenüber Kälte und Frost Trockenheit an Schneeschutz im Winter gebunden. Sie bildet in aufgelichteten Wäldern, in denen durch die Wirkung der Bäume die Schneeverfrachtung eingeschränkt ist, noch großflächige, vom Kleinrelief unabhängige Bestände. Mit zunehmender Höhe zieht sie sich immer mehr in Mulden und Schneeböden zurück. Alpenrosen-Heiden wurden seit alters her von den Almbauern als Weideunkraut betrachtet und durch Abhacken und Ausbrennen zurückgedrängt.

Besonders in den höheren nordseitig, Wind exponierten Lagen des Untersuchungsgebietes sowie im Bereich der klimatischen Waldgrenze zwischen 1925 bis 2050m Meereshöhe ziehen sich die vom Kleinrelief abhängigen Bestände in Mulden zurück. Diese sekundären Alpenrosenheiden kommen oft auf tiefgründigen, ehemaligen Waldböden, zum Beispiel auf Eisen-Humuspodsolen vor. Im östlichen Weideareal des Gebietes sind - durch ehemaliges Verbrennen der Alpenrosen -Heiden - verzahnte Mosaike aus Weiderasen und Zwergstrauchheiden entstanden. Auf den im Untersuchungsgebiet vorzufindenden Geröllhalden treten diese Zwergstrauchbestände als Pioniergesellschaft auf.

Klasse 4: Empetro-Vaccinietum gaultherioidis, Rauschbeerenheiden

Die Rauschbeerenheiden treten im Untersuchungsgebiet auf Wind exponierten Flächen im Bereich von Windkanten und Kuppen in 1900 bis 2000m Meereshöhe in Erscheinung. Die von ihr besiedelten Standorte befinden sich an nordseitigen Windkanten, deren Schneebedeckung länger andauert als bei südseitig exponierten Bärentraubenheiden, aber doch kürzer währt als bei den im Kontakt folgenden Alpenrosengebüschen. Durch ausreichende Schneebedeckung besteht somit keine überdurchschnittliche Frostgefährdung. Im Gegensatz zu den Alpenazaleen-Windheiden kommen die Rauschbeerenheiden auch in den tiefer gelegenen Zonen des Untersuchungsgebietes vor. So sind noch knapp unterhalb 1800m Meereshöhe derartige Bestände im untersuchten Gebiet anzutreffen, wo sie sekundär als Bewuchs gering genutzter und brachgelegener Mähder und Weiden auftreten.

Klasse 5: Junipero-Arctostaphyletum, Bärentraubenheiden

In den Bärentraubenheiden der jungen brachgelegenen Mähder kann sich Zwerg-Wacholder nicht behaupten. Es kommt zur Ausbildung einer dichten von der Bärentraube dominierenden Zwergstrauchheide. Die Bärentraube bedeckt mit ihrem horizontalen Wuchs besonders Südhänge in jenen Lagen, die auf der Nordseite dann meist Rauschbeerheiden tragen. Die typischen Standorte der Bärentraubenheiden sind südexponierte, trockene sowie humusarme Kanten- und Kuppenlagen.

Die Bärentraubenheiden sind im Untersuchungsgebiet häufig vertreten und kommen vorwiegend im Bereich der wenig genutzten bzw. brachgelegenen Mähwiesen vor. Im Gegensatz zur typischen Ausbildung reichen diese Zwergstrauchbestände auch noch in die tiefer gelegenen Standorte des Untersuchungsgebietes hinunter. Die Bärentraubenheide ist noch in einer Höhenstufe von 1700m Meereshöhe im Gebiet vorzufinden. Die vorwiegend im Kuppen- und Rückenbereich anzutreffenden Heiden sind meistens von kleinflächiger Ausdehnung und mit den umliegenden wenig genutzten Magerwiesen stark verzahnt.

Klasse 6: Avenella flexuosa-(Carici-Epilobion)-Gesellschaft, Holzschlag der Stengel-Schmire und der Besenheide

Die sonnigen Lagen der jungen Schläge im Bereich des Lärchen-Fichtenwaldes werden von Schlagfluren mit stresstoleranten Gräsern, Kräutern und Zwergsträuchern besiedelt. In den nährstoffarmen Beständen der ursprünglichen Waldfläche setzen sich bald lichtbedürftige Gehölze durch.

Im Untersuchungsgebiet befinden sich die anthropogen bedingten Kahlschlagbestände im Bereich des subalpinen Silikat-Fichtenwaldes. Die Standorte sind trockene, südexponierte und zum Teil stark geneigte Hanglagen. Die Gesellschaft fällt schon von weitem durch die rötliche Grundfärbung auf, welche durch die Dominanz von Drahdschmiele bestimmt wird.

Klasse 7: Carici curvulae-Nardetum, Krummseggen-Bürstlingsrasen

Der Verbreitungsschwerpunkt liegt in Höhenlagen zwischen 2200 und 2500m ü. M. Die Gesellschaft ist durch kodominantes Auftreten von Krummsegge und Bürstlingsrasen gekennzeichnet. Krummseggen-Bürstlingsrasen sind durchwegs auch Weidegebiete.

Das Carici curvulae-Nardetum ist ausschließlich in den höchsten Lagen des Untersuchungsgebietes auf 2330 bis 2360m Meereshöhe anzutreffen. Dieser größtenteils von Ziegen und Schafen sehr extensiv beweidete Rasen kommt nur sehr kleinflächig vor und ist an schneereichere Standorte gebunden. Die Gesellschaft fehlt daher an sehr steilen und sonnigen Hängen des Untersuchungsgebietes, auf welchen sie von Horstseggenhalden ersetzt wird.

Klasse 8: Juncetum trifidi, Gesellschaften der Dreispaltigen Binse

Die Dreispaltige Binse kann auf offenen Böden in Gratlagen, auf stabilisiertem Silikatschutt und auf exponierten Vorgipfeln des zentralen Alpenhauptkammes stark in Erscheinung treten und dann mehr oder weniger Lücken hafte Rasen bilden. Die meisten dieser Binsenrasen besitzen Pioniercharakter.

Im Untersuchungsgebiet tritt diese Gesellschaft nur sehr kleinflächig, oft nur fragmentarisch auf. Die Höhenverbreitung dieser Gesellschaft liegt zwischen 1900 und 2000m ü. M. Die meist Lücken haften Rasen besiedeln im Untersuchungsgebiet bevorzugt Wind gefegte, früh ausapernde, Boden verdichtete Kanten und werden von der Binse dominiert. Diese Rasenbestände sind zum Teil mit den Kontaktgesellschaften der Bergmähder stark verzahnt, was die Identifizierung dieser Gesellschaft erschwert.

Klasse 9: Androsacion multiflorae, Silikatfels-Gesellschaften

Die Gesellschaften dieses Verbandes besiedeln in der subalpinen bis alpinen Stufe Felsspalten in kalkarmen, kristallinen Gebirgsketten. Solche Standorte sind vor allem in den Zentralalpen anzutreffen.

Die meist kleinflächig vorkommenden Silikat-Felsfluren sind im gesamten Untersuchungsgebiet vor allem in den oberen Höhenstufen häufig vertreten. Sie besiedeln allgemein ausschließlich basenarme bis basenfreie Silikatrohböden oder Ranker. Die Artenzusammensetzung der Felsfluren ändert sich mit der Neigung und Stabilität des Hanges, der Substratbeschaffenheit sowie den Höhenstufen und dem mehr oder weniger damit korrelierten Wärmegenuss.

Klasse 10: Caricetum sempervirentis, Silikat-Horstseggenhalden

Silikat-Horstseggenhalden kommen auf sonnigen, steilen Hängen in der subalpinen-alpinen Stufe der Silikatalpen vor, wo sie hochgrasige, zwergstrauchreiche Bestände bilden. Bei den Horstseggenhalden handelt es sich oft um alte Wildheumähder, die in der Regel heute nicht mehr genutzt werden.

Die Silikat-Horstseggenhalden sind im Untersuchungsgebiet großflächig vertreten. Ihre Standorte sind südexponierte, trockene und sehr steile Hanglagen. Die typische Ausbildung dieser Gesellschaft kommt in einer Höhenlage zwischen 1800 und 2350m ü. M. vor. Demnach reichen Silikat-Horstseggenhalden von der unteren alpinen Stufe bis tief in die subalpine Stufe hinunter und können daher teils als Ersatzgesellschaft des subalpinen Silikat-Fichtenwaldes, zum Teil aber auch als ursprünglich betrachtet werden. Bei den im Untersuchungsgebiet anzutreffenden Silikat-Horstseggenhalden handelt es sich um aufgelassene Bergmähder, die heute von Weidevieh (Ziegen und Schafen) sehr extensiv beweidet werden. Die einstigen Berg- bzw. Wildheumähder sind in diesem Areal des Untersuchungsgebietes schon vor längerer Zeit aus der Bewirtschaftung genommen worden. Der flach bis mittel gründige Boden der Horstseggenhalden wird von einer dicht verfilzten Streuauflage bedeckt, an deren Aufbau die abgestorbenen Horste der dominierenden Horstsegge beteiligt sind.

Klasse 11: Caricetum sempervirentis mit Arctostaphylos uva-ursi, Silikat-Horstseggenhalden mit Bärentraube

Diese Ausbildung ist im Untersuchungsgebiet häufig vertreten und reicht im Gegensatz zu den anderen Ausbildungen der Horstseggenhalden auch in tiefer gelegene Standorte bis 1700m Meereshöhe hinunter. Die Höhenverbreitung dieser Bestände im Untersuchungsgebiet entspricht in etwa jener der Bärentraubenheiden. Die verstärkt an trockene und humusarme Hanglagen gebundene Bärentraube tritt mehr oder weniger dominant auf und führt oft zu mosaikförmigen Ausbildungen dieser Pflanzenbestände. Besonders im Bereich von Kuppen lässt sich ein allmählicher Übergang von den Silikat-Horstseggenhalden mit Bärentraube zu den reinen Bärentraubenheiden mitverfolgen. Die Binse als sonst konstante Begleiterin der Horstseggenhalden im Untersuchungsgebiet fehlt bei dieser Ausbildung.

Klasse 12: Sieversio-Nardetum strictae, Subalpin-alpine Borstgrasweiden

Die subalpin-alpinen Borstgrasweiden zählen zu den großflächigsten Pflanzengesellschaften der subalpinen und unteren alpinen Stufe und beherrschen die Weideflächen der Almregion. Sie besiedeln allgemein nährstoffarme, mehr oder weniger versauerte und kalkarme, humusreiche Böden und zeigen keine Präferenzen hinsichtlich Exposition, Neigung und Lage im Gelände. Die Vielfalt an Standorten und Nutzungen (Jungvieh-, Altviehweide, Schaf- und Ziegenweide, Menge des Viehs, Düngung) machen die subalpin-alpinen Borstgrasweiden bzw. Borstgrasrasen sehr variabel. Die Weidenardeten sind wesentlich artenärmer als die gemähten Nardeten und zeichnen sich gegenüber allen anderen Gruppen durch das Fehlen von guten Trennarten aus.

Die subalpin-alpinen Borstgrasweiden des Untersuchungsgebietes erstrecken sich von der heutigen Waldgrenze bis in die Höhenstufe von 2010m ü. M. und wurden schon von alters her von Rindern beweidet. Immer wieder fallen die für das Weideareal typischen Mosaike aus Nardeten, Zwergstrauchheiden und kleinflächigen Fettweiden auf. Die Weiden im Bereich der Sandl Alm und Fleckner Hütte sind hingegen erst vor etwa 40 Jahren aus ehemaligen Bergmähdern hervorgegangen. Auch dort lassen sich bereits deutliche Ansätze der Mosaike aus Weidenardeten und Zwergstrauchbeständen erkennen. Aufgrund des freien Weidegangs der Tiere (großflächige Standweiden), unterliegen die Weideflächen einer selektiven Beweidung. Das Weidevieh bevorzugt gute und schmackhafte Gräser und Kräuter und lässt Pflanzen mit geringem Futterwert stehen. Durch Ausforschungen des Weideverhaltens der Kühe lässt sich leicht erkennen, dass das Borstgras nur als junges, weiches Gras gefressen wird. Die alten dürren Gräser werden größtenteils stehen gelassen oder abgerissen. Alle subalpin-alpinen Borstgrasweiden des Untersuchungsgebietes sind artenarm, was allgemein als ein Charakteristikum dieser Ausbildung gesehen wird. Diese Artenarmut der Borstgrasweiden lässt auf eine regelmäßige Beweidung mit selektivem Verbiss und sicherlich auch auf das saure silikatische Ausgangsgestein zurückführen. Die mittlere Bestandeshöhe der typisch ausgebildeten Borstgrasweide des Untersuchungsgebietes ist im Allgemeinen bei einer Durchschnittshöhe unterhalb 15cm niedrig. Die durchschnittliche Gesamtdeckung liegt bei 90%, wobei Teilbereiche der Weidenardeten aber besonders dichte Rasen bilden. Dieser Umstand hängt möglicherweise mit der Mächtigkeit der Schneedecke und dem späten Abschmelzen im Frühjahr zusammen. Eine wichtige Bedingung für das Vorherrschen dieser Grasart ist die Gewährleistung ausreichender Wasserversorgung.

Klasse 13: Hypochoero-Nardetum , Ferkelkraut-Borstgraswiesen

Bei den Ferkelkraut-Borstgraswiesen handelt es sich um Magerwiesen der hochgelegenen Bergwiesen, die zu den arten- und blumenreichsten Pflanzengesellschaften des ganzen Alpenraumes zählen. Südexponierte Silikat-Magerrasen kommen auf mäßig trockenen, schwach sauren, nährstoffarmen Böden mit mittlerem bis starken Humusgehalt. Diese einmal im Jahr gemähten Borstgrasmatten unterscheiden sich von den Weiden allerdings meist nur strukturell durch höheren Wuchs, größere Dichte an Hochschaftarten und das Fehlen höherer Zwergsträucher. Sie sind durchwegs bunter und blühreicher, wodurch sie physiognomisch wesentlich eigenständiger wirken, als es der floristischen Zusammensetzung entspricht.

Auf den Waltner Mähder zählen die Ferkelkraut-Borstgraswiesen zu den meist verbreiteten Pflanzenbeständen, die das Landschaftsbild des untersuchten Gebietes stark prägen. Sie sind vor allem auf dem zentralen Bereich des Untersuchungsgebietes konzentriert und reichen von der anthropogen bedingten Waldgrenze (1650m ü. M.) bis zu den heute noch mäßig genutzten Mähdern der höheren subalpinen Stufe (2050m ü. M.). Die typisch ausgebildeten Ferkelkraut-Borstgraswiesen des Untersuchungsgebietes werden vielfach nur jedes zweite Jahr gemäht und nicht gedüngt. Der anfallende Humus der Brachejahre ermöglicht ein besseres Pflanzenwachstum in den Nutzungsjahren. Zusätzlich unterliegen diese Ferkelkraut-Borstgraswiesen, wie auch alle anderen Ausbildungen dieses Pflanzenbestandes im Untersuchungsgebiet, einer sehr extensiven und selektiven Beweidung durch Ziegen und Schafe.

Klasse 14: Hypochoero-Nardetum (Sieversio-Nardetum strictae) mit Vaccinium-Arten und Carex sempervirens, Ferkelkraut-Borstgraswiesen, verstraucht

Diese Ausbildung der Ferkelkraut-Borstgraswiesen lässt sich im Untersuchungsgebiet ausschließlich auf sehr extensiv genutzten Mähdern identifizieren. Die Mahd erfolgt je nach Unterlage in drei-, vier- oder mehrjährigem Turnus. Der Standort dieser Pflanzenbestände (Exposition, Neigung, Bodenverhältnisse und Höhenverbreitung) im Untersuchungsgebiet entspricht jenem der typischen Ferkelkraut-Borstgraswiesen. Dort sind stets junge Zwergsträucher vorhanden, die nach Auflassung mehrerer Schnitte schnell verholzen und sich rasch verbreiten.

Klasse 15: Festuco-Agrostietum, Rotschwingel-Straußgraswiesen

Die Rotschwingel-Straußgraswiesen sind eine Nutzungsbedingte Übergangsform zwischen Goldhaferwiesen und Borstgrasrasen, dessen intermediäre Artenkombinationen vom horstigen Rotschwingel und vom roten Straußgras beherrscht werden. Diese Pflanzenbestände findet man auf eher tiefgründigen, frischen Böden magerer Mähwiesen der hochmontanen (selten subalpinen) Stufe zu finden. Sie werden durch spätes Mähen gefördert. Diese einschnittigen Bergwiesen werden, wenn überhaupt, nur sehr leicht mit Stallmist gedüngt.

Die Rotschwingel-Straußgraswiesen des Untersuchungsgebietes sind südexponiert und kommen in der Höhenstufe von 1675 bis 1875m ü. M. vor. Es handelt sich somit um subalpine Ausbildungsformen, die allgemein auf sauren und warmen Standorten ihre Verbreitung finden. Sie können als intermediäre Übergangsstadien zwischen den Borstgraswiesen und Goldhafer-Wiesen interpretiert werden. Unter den „intensiv" genutzten Mähwiesen des Untersuchungsgebietes sind die Rotschwingel-Straußgraswiesen am großflächigsten vertreten. Sie werden mäßig mit Stallmist gedüngt und jedes Jahr gemäht. Ein Teil der Mähwiesen unterliegt im Herbst einer zusätzlichen extensiven Beweidung von Rindern. Die Standorte weisen im Allgemeinen eine geringe Hangneigung auf.

Klasse 16: Crepido-Festucetum commutatae, Subalpine Milchkrautweide

Diese Gesellschaft bevorzugt reiche, häufig tiefgründige, feinerdenreiche Böden in der subalpinen und alpinen Stufe (zwischen ca. 1400 und 2000m ü. M.). Die Standorte sind frisch und haben neutrale bis mäßig saure Bodenreaktion. Auf diesen fruchtbaren Böden bilden sich durch lang dauernde alpwirtschaftliche Nutzung Fettweiden aus. Auch die Milchkrautweide ist somit eine Folgegesellschaft nach Rodung und Bewirtschaftung von Fichten- oder Krummholzstandorten. Je nach Nährstoffversorgung werden magere, fette und üppige (Verunkrautete) und je nach Weideführung unternutzte, richtig genutzte und übernutzte Ausbildungsformen unterschieden. Kleearten, Gräser und Korbblütler bestimmen den Habitus der Weide.

Die subalpinen Milchkrautweiden des Untersuchungsgebietes kommen im Bereich von 1780 bis über 2000m ü. M. vor und sind vor allem auf den alten Weideflächen des Untersuchungsgebietes anzutreffen. Die krautigen Weiderasen sind im Untersuchungsgebiet meist sehr kleinflächig und oft Mosaik haft im Weideareal vertreten und heben sich durch ihr saftiges, grünes Aussehen deutlich von den Borstgrasweiden ab. Sie entfalten sich bevorzugt in leichten Muldenlagen, wo das Wasser für die Ansammlung von Nährstoffen sorgt und es zur Entstehung von „natürlichen“ Anreicherungsstellen kommt. Die von Rindern und zum Teil auch von Ziegen und Schafen gerne aufgesuchten Rasen werden nicht anthropogen gedüngt. Die Milchkrautweiden des Untersuchungsgebietes sind stark mit den Borstgrasweiden verzahnt. Aufgrund der relativ geringen Nährstoffversorgung handelt es sich bei den anzutreffenden Beständen um magere Ausbildungsformen der subalpinen Milchkrautweiden, was deutlich durch den relativ hohen Anteil von Borstgras und der assoziierten Arten aus den Magerrasen belegt wird.

Klasse 17: Poion alpinae mit Phleum rhaeticum, Alpen-Fettweiden mit Alpen-Lieschgras

Dem Verband Poion alpinae werden neben den subalpinen Milchkrautweiden die im Folgenden charakterisierten Alpen-Fettweiden mit Alpen-Lieschgras des Untersuchungsgebietes zugeordnet. Diese Pflanzenbestände kommen ausschließlich in den östlichen Weideflächen des Gebietes auf 1750 bis 1870m ü. M. vor. An nicht allzu stark frequentierten Lagerstellen des Viehs kommt es zu dieser Ausbildung der Alpen-Fettweiden, die durch das starke Hervortreten des Fuchsschwanzes (Kennart der Alpen-Fettweiden) gekennzeichnet ist. Es handelt sich um sehr dichte gräserreiche und artenarme Bestände auf ebenen oder wenig geneigten Weideflächen. Diese „sanften“ Lägerfluren sind im Untersuchungsgebiet nur sehr kleinflächig ausgebildet und stehen in engem Kontakt v. a. zu den Borstgrasweiden, aber auch zu den Rasen-Schmiele-Gesellschaften und Milchkrautweiden. Die fein grasigen, kurz krautigen, dicht geschlossenen Rasen stechen durch ihren saftigen Grünton von den Borstgrasweiden hervor.

Klasse 18: Rumicion alpini, Lägerflur mit Meisterwurz

Die Lägerflur mit Meisterwurz besiedelt im Untersuchungsgebiet gut durchfeuchtete und nährstoffreiche Böden alpiner Schaflagerplätze. Sie kommen ausschließlich im westlichen Teil des Untersuchungsgebietes zwischen 1900 und 2300m Meereshöhe vor und sind im Bereich der schon länger brachgelegenen Wiesen Mosaik haft verstreut. Die grasreichen, „sanften Schaf- Lägerfluren" stechen schon von weitem durch ihren kräftigen Grünton hervor.

Klasse 19: Scheuchzerio-Caricetea fuscae, Kleinseggensümpfe und -moore

Sie sind im gesamten Untersuchungsgebiet in allen Höhenstufen vertreten. Die sich meist kleinflächig entlang der Bachläufe entfaltenden Bestände sind durch die vorherrschenden Kleinseggen-Arten gekennzeichnet. Je nach den standörtlichen Bedingungen, insbesondere Nährstoffverhältnisse und Säuregrad, kommen verschiedene Begleiter vor.

Klasse 20: Pioneer vegetation, Pioniergesellschaften

Diese Bestände umfassen alle Pionier- und Dauergesellschaften auf den Geröllstandorten und Schutthalden des Untersuchungsgebietes. Viele dieser Bestände besiedeln Sekundärstandorte, insbesondere die anthropogen bedingten Böschungsanschnitte und Hangschuttflächen, die durch den Straßen- und Wegebau entstanden sind. Im östlichen Teil des Untersuchungsgebietes sind die Pioniergesellschaften daher häufig vertreten. Der Boden dieser überwiegend „hanglabilen" Standorte zeichnet sich meist durch das Fehlen einer eigentlichen Humusschicht aus. Die in diesen Gesellschaften vorkommenden Arten sind vorwiegend typische Pionierpflanzen. Sie haben die Fähigkeit, schnell und tief zu wurzeln und tragen so zur Hangstabilisierung bei. Viele Arten sind mit ihren speziellen Wuchsformen und unterirdischen Organen gut an die Bewegung des Schuttmaterials angepasst.

Klasse 21: Sown vegetation, Einsaat-Vegetation

Im Bereich früherer Schipisten ist es durch Planierungsarbeiten zur Zerstörung der dauerhaften Pflanzendecke ursprünglicher Alpweiden gekommen. An stark beanspruchten Stellen ist der Humus der gewachsenen Böden vollständig verloren gegangen und dadurch zur Entstehung von flach gründigen Rohböden gekommen. Schon vor der Stilllegung des Schibetriebes wurde versucht, die langsame Vegetationsentwicklung an diesen steinigen Standorten mit dem Einsäen von schnellwüchsigen Gräsern und Leguminosen zu fördern und die Flächen zu begrünen. Heute hat sich auf diesen flach gründigen Standorten eine humusarme, stark lückenhafte Vegetationsdecke mit sehr geringem Deckungsgrad entwickelt, die sich durch einige nicht standortgemäße Pionierpflanzen gut charakterisieren lässt. Die artenarme, karge Einsaat-Vegetation grenzt an die mageren Borstgrasweiden an, aus dessen Beständen nur wenige Arten in die Einsaat-Bestände eingewandert sind.

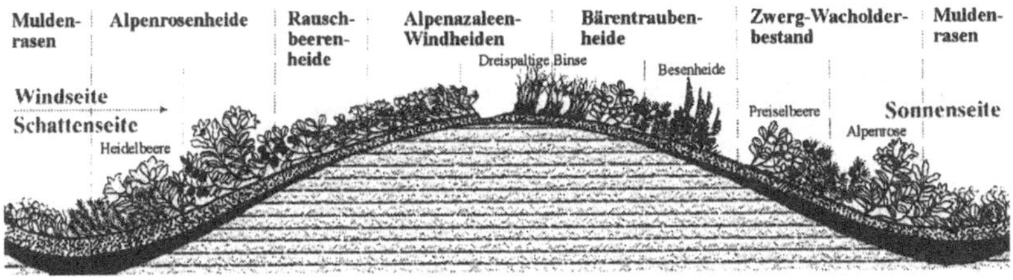

Abbildung A-1: Abfolge der Zwergstrauchheiden (Alpenazaleen-Windheide, Rauschbeerenheide und Alpenrosenheide) auf einer Wind exponierten Kuppe im oberen subalpinen Bereich der Waltner Mähder.

Anhang B: Netzwerk Informationskriterium (*NIC*)

Theoretisch wurde gezeigt (Murata et al., 1994), dass sich das Netzwerk Informationskriterium zur Wahl der optimalen Zahl von verborgenen Neuronen für feedforward Netzwerke bei gegebener Trainingsdatenmenge und festgelegter Zahl von Input- und Outputneuronen eignet. Dazu müssen mehrere Netzwerke mit gleicher Struktur nur unterschiedlicher Anzahl von verborgenen Neuronen trainiert werden. Dann wird das Netzwerk mit dem kleinsten *NIC* gewählt:

$$NIC = E + \frac{1}{T} tr\left[\hat{G} \cdot \hat{Q}^{-1}\right],$$

wobei $E = \frac{1}{|T|}\sum_{t=1}^{|T|} e_t^2$ die entsprechende Fehlerfunktion (zum Beispiel die quadratische Fehlerfunktion) ist, $|T|$ die Anzahl der Trainingsdaten bedeutet, $tr\left(\hat{G} \cdot \hat{Q}^{-1}\right)$ die Spur der Matrix $\hat{G} \cdot \hat{Q}^{-1}$ (die Summe der Diagonalelemente der Matrix $\hat{G} \cdot \hat{Q}^{-1}$) und $\hat{Q}^{-1}$ die Inverse der Matrix $\hat{Q}$ bezeichnet. Die Matrizen $\hat{G}, \hat{Q}$ sind wie folgt definiert:

$$\hat{G} = \frac{1}{|T|}\sum_{t=1}^{|T|} \frac{\partial^2 e_t}{\partial w \partial w^T},$$

$$\hat{Q} = \frac{1}{|T|}\sum_{t=1}^{|T|} \left(\frac{\partial e_t}{\partial w}\right)\left(\frac{\partial e_t}{\partial w}\right)^T,$$

wobei w der Parametervektor des Netzes ist.

Literaturverzeichnis

Abhyankar, A., Copeland, L. S., Wong, W., 1997. Uncovering Nonlinear Structure In Real-Time Stock-Market Indexes: The S&P 500, the DAX, the Nikkei 225, and the FTSE-100. Journal of Business & Economic Statistics, Jan. 1997, Vol. 15, No. 1, 1-14.

Adams, J. B., 1999. Predicting Pickle Harvests Using a Parametric Feedforward Neural Network. Journal of Applied Statistics 26(2), Feb. 1999, 165-176.

Aiken, M., Bsat, M., 1999. Forecasting market trends with neural networks. Information Systems Management 16(4), 42-48.

Akaike, H., 1973. Information Theory and an Extension of the Maximum Likelihood Principle. In Petrov B. N., Csaki F.: Second International Symposium on Information Theory. Akademiai Kiado, 267-281.

Akaike, H., 1974. A New Look at the Statistical Model Identification. IEEE Transactions on Automatic Control, AC-19, 716-723.

Alonso-Rodriguez, A., 1999. Forecasting Economic Magnitudes with Neural Network Models. International Advances in Economic Research 5(2), May 1999, 215-230.

Anders, U., 1997. Statistische Neuronale Netze. Verlag Vahlen, München.

Anderson, J. A., Rosenfeld, E., 1988. Neurocomputing: Foundations of Research. Cambridge, MA: MIT Press.

Arfken, G., 1985. Mathematical Methods for Physicists. Academic Press Inc., Orlando, third edition.

Back, B., Laitinen, T., Sere, K., 1996a. Neural Networks and Bankruptcy Prediction: Funds Flows, Accrual Ratios, and Accounting Data. Advances in Accounting, Vol. 14, 23-37.

Back, B., Laitinen, T., Sere, K., 1996b. Neural Networks And Genethic Algorithms For Bankruptcy Predictions. Expert Systems With Applications, Vol. 11, No. 4, 407-413.

Backhaus, K., Erichson, B., Plinke, W., Weiber, R., 1996. Multivariate Analysemethoden, Eine anwendungsorientierte Einführung. Springer Verlag Berlin Heidelberg New York, 8. Auflage.

Baily, D. L.,Thompson, D. M., 1990. Developing neural network applications. AI Expert, September, 34-41.

Barucci, E., Landi, L., 1998. Nonlinear Versus Linear Learning Devices: A Procedural Perspective. Computational Economics 12, 171-191.

Bauer, W., Füser, K., Schmidtmeier, S.,1997. Von der neuronalen Kreditwürdigkeitsprüfung zur neuronalen Einzelwertberichtigung. Die Wirtschaftsprüfung, 9/1997, 281-287.

Baxt, W. G., White, H., 1995. Bootstraping Confidence Intervals for Clinical Input Variable Effects in a Network Trained to Identify the Presence of Acute Myocardial Infarction. Neural Computation, 7, 624-638.

Bellman, R., 1961. Adaptive Control Processes: A Guided Tour. New Jersey: Princeton University Press.

Bishop, C. M., 1996. Neural Networks for Pattern Recognition. New York: Oxford University Press.

Blien, U., Lindner, H. G., 1993. Neuronale Netze – Werkzeuge für empirische Analysen ökonomischer Fragestellungen. Jahrbücher für Nationalökonomik und Statistik, Bd. 212/5-6, 497-521.

Blunden, J. R., Pryce, W. T. R., Dreyer, P., 1998. The Classification of Rural Areas in the European Context: An Exploration of a Typology Using Neural Network Applications. Regional Studies, Vol. 32.2, 149-160.

Bode, J., 1998. Neural Networks for cost estimation. Cost Engineering, Vol. 40 (1), 25-30.

Bortz, J., 1993. Statistik für Sozialwissenschaftler. Springer Verlag Berlin Heidelberg New York, 4. Auflage.

Bridle, J. S., 1990. Probabilistic interpretation of feedforward classification network outputs, with relationships to statistical pattern recognition. In: F. Fogelman Soulie and J. Herault (eds.), Neurocomputing: Algorithms, Architectures and Applications, 227-236. New York: Springer-Verlag.

Brockett, P. L., Cooper, W. W., Golden, L. L., Xia, X., 1997. A case study in applying neural networks to predicting insolvency for property and casuality insurers. Journal of the Operational research Society (1997) 48, 1153-1162.

Bryson, A. E., Ho, Y. C., 1969. Applied Optimal Control. Blaisell, New York.

Burger, A., Schellberg, B., 1996. Neuronale Netze in der Jahresabschlußanalyse. Betriebswirtschaftliche Forschung und Praxis, 1/96, 102-122.

Callen, J. L., Kwan, C. C. Y., Yip, P. C. Y., Yuan, Y., 1996. Neural network forecasting of quaterly accounting earnings. International journal of forecasting 12 (1996), 475-482.

De Carvalho, M. C. M., Dougherty, M. S., Fowkes, A. S., Wardman, M. R., 1998. Forecasting travel demand: a comparison of logit and artificial neural network methods. Journal of the Operational Research Society 49(7), Jul. 1998, 717-722.

Cernusca, A., Tappeiner, U., Bahn, M., Bayfield, N., Chemini, C., Fillat, F., Graber, W., Rosset, M., Siegwolf, R. and Tenhunen, J., 1996. ECOMONT - Ecological Effects of Land Use Changes on European Terrestrial Mountain Ecosystems. Pirineos 147-148: 145-172.

Cernusca, A., Bahn, M., Bayfield, N., Chemini, C., Filliat, F., Graber, W., Rosset, M., Siegwolf, R., Tappeiner, U., Tenhunen, J., 1998. ECOMONT-A combined approach of field measurements and process-based modelling for assessing effects of land-use changes in mountain landscapes. Ecological Modelling 113, 167-178.

Chang, C. S., Weihui, F., Minjun, Y., 1998. Short-term load forecasting using wavelet networks. Engineering Intelligent Systems for Electrical Engineering and Communications, Vo. 6, No. 4, 217-223.

Cheng, B., Titterington, D. M., 1994. Neural Networks: A Review from a Statistical Perspective. Statistical Science, Vol. 9, No. 1, 2-54.

Chiu, D. F. C., 1998. Using radial basis function neural networks to recognize shifts in correlated manufacturing process parameters. IIE Transactions, Norcross, Vol 30, 227-234.

Church, K. B., Curram, S. P., 1996. Forecasting consumer`s expenditure: A comparison between econometric and neural network models. International Journal of Forecasting 12 (1996), 255-267.

Collins, E., Ghosh, S., Scofield, C., 1988. An Application Of A Multiple Neural Network Learning System To Emuation Of Mortgage Underwriting Judgements. IEEE International Conference on Neural Networks II, 459-466.

Collins, A., Evans, A., 1994. Aircraft Noise and Residential Property Values: An Artificial Neural Network Approach. Journal of Transport Economics and Policy, 175-197.

Corsten, H., May, C., 1996. Künstliche Neuronale Netze – Aufbau, Funktionsweisen und Anwendungsfelder. WISU 3/96, 217-222.

Cybenko, G., 1989. Approximation by superposition of a sigmoidal function. Mathematics of Control, Signals & Systems, 2, 303-314.

Dasgupta, C. G., Dispensa, G. S., Ghose, S., 1994. Comparing the predictive performance of a neural network model with some traditional market response models. International journal of forecasting 10 (1994), 235-244.

Dematos, G., Boyd, M. S., Kermanshahi, B., Kohzadi, N., Kaastra, I., 1996. Feedforward Versus recurrent Neural Networks for Forecasting Monthly Japanese Yen Exchange Rates. Financial Engineering and the Japanese Markets, Vol 3, 59-75.

Desai, V. S., Bharati, R., 1998. The efficiacy of neural networks in predicting returns on stock and bond indices. Decision Sciences 2, Vol. 29, 405-425.

Donäldson, R. G., Kamstra, M., 1996. A New Dividend Forecasting Procedure That Rejects Bubbles in Asset Prices: The Case of 1929's Stock Crash. The Review of Financial Studies, Summer 1996, Vol. 9, No. 2, 333-383.

Donaldson, R. G., Kamstra, M., 1997. An artificial neural network-GARCH model for international stock return volatility. Journal of Empirical Finance 4, 17-46.

Dougherty, M. S., Cobbett, M. R., 1997. Short-term inter-urban traffic forecasts using neural networks. International journal of forecasting 13 (1997), 21-31.

Eakins, S. G., Stansell, S. R., Buck, J. F., 1998. Analyzing the Nature of Institutional Demand for Common Stocks. Quaterly Journal of Business and Economics, Vol. 37, No. 2, 33-48.

Elman, J. L., 1990. Finding Structure in Time. Cognitive Science 14, 179-211.

El Shazly, M. R., El Shazly, H. E., 1997. Comparing the forecasting performance of neural networks and forward exchange rates. Journal of Multinational Financial Management 7 (1997), 345-356.

Episcopos, A., Pericli, A., Hu, J., 1998. Commercial Mortgage Default: A Comparison of Logit with Radial Basis Function Networks. Journal of real Estate Finance and Economics, 17 (2), Sept. 1998, 163-178.

Finnoff, W., Hergert, F., Zimmermann, H. G., 1993. Neuronale Lernverfahren mit variabler Schrittweite. Arbeitspapier, Siemens AG, Zentrale Forschungs- und Entwicklungsabteilung, München.

Fischer, M., Gopal, S., 1993. Neurocomputing – a new paradigm for geographic information processing. Neurocomputing & Planning /A, 25/6, 757-760.

Flake, G., 1997. Square unit augmented, radially extended multilayer perceptrons. Technical report, Siemens Corporate research center, Princeton.

Flitman, A. M., 1997. Toward Analysing Student Failures: Neural Networks Compared With Regression Analysis and Multiple Discriminant Analysis. Computers Ops Res. Vol. 24, No. 4, 367-377.

Franses, P. H., Draisma, G., 1997. Recognizing changing seasonal patterns using artificial neural networks. Journal of Econometrics 81 (1997), 273-280.

Franses, P. H., Van-Homelen, P., 1998. On Forecasting Exchange Rates Using Neural Networks. Applied Financial Economics 8(6), 589-96.

Freisleben, B., Ripper, K., 1997. Neuronale Netze zur volkswirtschaftlichen Zeitreihenprognose. Wirtschaftswissenschaftliches Studium WiSt 6, 315-318.

Fu, J., 1998. A Neural Network Forecast of Economic Growth and Recession. Journal of Economics 24 (1), 1998, 51-66.

Funahashi, K, 1989. On the approximate realization of continous mappings by neural networks. Neural Networks 2, 183-192.

Geman, S., Bienenstock, E., 1992. Neural Networks and the Bias/Variance Dilemma. Neural Computation 4, 1-58.

Gencay, R., 1998. Optimization of technical trading strategies and the profitability in security markets. Economics Letters 59 (1998), 249-254.

Haefke, C., Helmenstein, C., 1996. Neural Networks in the Capital Markets: An Application of Index Forecasting. Computational Economics 8, 37-50.

Han, H., Felker, P., 1997. Estimation Of Daily Soil Water Evaporation Using An Artificial Neural Network. Journal of Arid Environments (1997) 37, 251-260.

Hill, M. S., 1992. The Panel Study of Income Dynamics: A User`s Guide. Beverly Hills, CA: Sage Publications.

Hill, T., O`Connor, M., Remus, W., 1996. Neural Network Models for Time Series Forecasts. Management Science Vol. 42, No. 7, July 1996, 1082-1092.

Hongkyu, J., Han, I., 1996. Integration Of Case-Based Forecasting, Neural Network, And Discriminant Analysis For Bankruptcy Prediction. Expert Systems With Applications, Vol. 11, No. 4, 415-422, 1996.

Hornik, K., Stinchcombe, M., White, H., 1989. Multilayer Feedforward Networks Are Universal Approximators. Neural Networks 2, 359-366.

Hornik, K., Stinchcombe, M., White, H., 1990. Universal Approximation of an Unknown Mapping and Its Derivatives Using Multilayer Feedforward Networks. Neural Networks 3, 551-560.

Hornik, K., 1991. Approximation capabilities of multilayer feedforward networks. Neural Networks 4, 251-257.

Hornik, K., 1993. Some New Results on Neural Network Approximation. Neural Networks 6, 1069-1072.

Hornik, K., 1997. Neuronale Netze in der Finanzwirtschaft und Finanzstatistik. Allg. Statistisches Archiv 81, 102-111, ISSN 0002-6018.

Huber, P. J., 1989. Robust Statistics. John Wiley & Sons.

Huntingford, C., Cox, P.M., 1997. Use Of Statistical And Neural Network Techniques To Detect How Stomatal Conductance Responds To Changes In The Local Environment. Ecological Modelling 97 (1997), 217-246.

Hwang, J. T. G., Ding, A. A., 1997. Prediction Intervals for Artificial Neural Networks. Journal of the American Statistical Association, Vol. 92, No. 438, 748-757.

Jagielska, I., Jaworski, J., 1996. Neural Network For Predicting The Performance Of Credit Card Accounts. Computational Economics 9, 77-82.

Jamal, A. M. M., Sundar, C., 1998. Modeling Exchange Rates With Neural Networks. Journal of Applied Business Research, Vol. 14, No. 1, 1-5.

Johnston, J., Dinardo, J., 1997. Econometric Methods. McGraw-Hill International Editions, New York, fourth edition.

Kastens, T. L., Featherstone, A. M., 1996. Feedforward Backpropagation Neural Networks in Prediction of Farmer Risk Preferences. American Journal of Agricultural Economics 78 (May 1996), 400-415.

Kim, S. H., Chun, S. H., 1998. Graded forecasting using an array of bipolar predictions: application of probabilistic neural networks to a stock market index. International Journal of Forecasting 14 (1998), 323-337.

Kirby, H. R., Watson, S. M., Dougherty, M. S., 1997. Should we use neural networks or statistical models for short-term motorway traffic forecasting? International journal of forecasting 13, 43-50.

Koh, H. C., Tan, S. S., 1999. A neural network approach to the prediction of going concern status. Accounting & Business Research 29(3), summer 1999, 211-216.

Kuan, C. M., Liu, T., 1995. Forecasting Exchange Rates Using Feedforward And Recurrent Neural Networks. Journal of Applied Econometrics, Vol. 10, 347-364.

Kuan, C. M., White, H., 1994. Artificial Neural Networks: An Econometric Perspective. Econometric reviews, 13(1), 1-91.

Luther, R. K., 1998. An artificial neural network approach to predicting the outcome of Chapter 11 bankruptcy. The Journal of Business and Economic Studies, Vol. 4, 57-73.

Mainland, D. D., 1998. Econometrics or Neural Networks?--A Study of Marketing Margins in the UK Meat Industry. Applied Economics Letters 5(9), Sep. 1998, 593-597.

Mc Culloch, W. S., Pitts, W., 1943. A logical calculus of the ideas immanent in nervous activity. Bulletin of Mathematical Biophysics 5, 115-133. Reprinted in Anderson and Rosenfeld 1988.

Minsky, M. L., Papert, S. A., 1969. Perceptrons. Cambridge, MA: MIT Press. Expanded Edition 1990.

Mitchell, V. W., Davies, F., Moutinho, L., Vassos, V., 1999. Using neural networks to understand service risk in the holiday product. Journal of Business Research 46(2), Oct. 1999, 167-180.

Moody, J., Darken, C. J., 1989. Fast learning in networks of locally-tuned processing units. Neural Computation 1 (2), 281-294.

Murata, N., Yoshizawa, S., Amari, S., 1994. Network Information Criterion-Determining the Number of Hidden Units for an Artificial Neural Network Model. IEEE Transactions on Neural Networks, Vol. 5, No. 6, Nov. 1994, 865-872.

Neuneier, R., Tresp, V., 1994. Radiale Basisfunktionen, Dichteschätzungen und Neuro-Fuzzy. In: H. Rehkugler und H. G. Zimmermann (Hrsg.). Neuronale Netze in der Ökonomie, Verlag Vahlen, 89-130.

Nijkamp, P., Reggiani, A., Tritapepe, T., 1997. Spatial choice behaviour: logit models and neural network analysis. The Annals of Regional Science (1997) 31, 411-429.

Ntungo, C., Boyd, M., 1998. Commodity Futures Trading Performance Using Neural Network Models Versus ARIMA Models. The Journal of Futures Markets, Vol. 18, No. 8, 965-983.

Odom, M.D., Sharda, R., 1990. A Neural Network Model For Bankruptcy Prediction. Proceedings of the IEEE International Conference on Neural Network. San Diego, CA, pages 163-168.

Oestreicher, A., Piotrowski-Allert, S., 1996. Klassifikation und Beurteilung von Unternehmen mit Hilfe von Selbstorganisierenden Neuronalen Netzen. Zeitschrift für betriebswirtschaftliche Forschung, 4/1996, 335-371.

Oja, E., 1995. Principal Component Analysis. In: The handbook of Brain Theory and Neural Networks, edited by M. A. Arbib, MIT Press 1995, 753-756.

Olmeda, I., Fernandez, E.,1997. Hybrid Classifiers for Financial Multicriteria Decision Making: The Case of Bancruptcy Prediction. Computational Economics 10, 317-335.

Openshaw, S., 1998. Neural network, genetic, and fuzzy logic models of spatial interaction. Environment and Planning A, Vol. 30, 1857-1872.

Ostendorf, B., Mayr, V., Tappeiner, U., 1998. GIS-contents and goals. In: A. Cernusca and U.Tappeiner (Editors), ECOMONT: Ecological effects of Land-use changes in Mountain Areas of Europe. Blackwell Wiss.-Ver., Berlin, Wien, 180-188.

Park, J., Sandberg, I. W., 1991. Universal approximation using radial basis function networks. Neural Computation 3 (2), 246-257.

Park, J., Sandberg, I. W., 1993. Approximation and radial basis function networks. Neural Computation 5 (2), 305-316.

Paruelo, J. M., Tomasel, F., 1997. Prediction Of Functional Characteristics Of Ecosystems: A Comparison Of Artificial Neural Networks And Regression Models. Ecological Modelling 98 (1997), pages 173-186.

Plouraboue, F., Steyer, A., Zimmermann, J.-B., 1998. Learning Induced Criticality In Consumer`s Adoption Pattern: A Neural Network Approach. Econ. Innov. New Techn., 1998, Vol. 6, 73-90.

Prechelt, L., 1996. A Quantitative Study of Experimental Evaluations of Neural Network Learning Algoritms: Current Research Practice. Neural Networks, Vol. 9, No. 3, 457-462.

Press, W. H., Teukolsky, S. A., Vetterling, W. T., Flannery, B. P., 1992. Numerical Recipes in C: The Art of Scientific Computing (Second Edition). Cambridge University Press.

Qi, M., 1999. Nonlinear Predictability of Stock Returns Using Financial and Economic Variables. Journal of Business and Economic Statistics 17(4), Oct. 1999, 419-429.

Refenes, A.N., Zapranis, A., Francis, G., 1994. Stock Performance Modeling Using Neural Networks: A Comparative Study With Regression Models. Neural Networks, Vol. 7, No. 2, pages 375-388.

Rehkugler, H., Kerling, M., 1995. Einsatz Neuronaler Netze für Analyse- und Prognose-Zwecke. Betriebswirtschaftliche Forschung und Praxis, 3/95, 306-335.

Rehkugler, H., Zimmermann, H. G., 1994. Neuronale Netze in der Ökonomie: Grundlagen und finanzwirtschaftliche Anwendungen. Hrsg. von Rehkugler Heinz und Hans Georg Zimmermann, München: Vahlen, 1994.

Rehkugler, H., 1996. Neuronale Netze in der Ökonomie. Wirtschaftswissenschaftliches Studium WiSt 11, 572-576.

Richards, T. J., Patterson, P. M., Van-Ispelen, P., 1998. Modeling Fresh Tomato Marketing Margins: Econometrics and Neural Networks. Agricultural and Resource Economics Review 27(2), Oct. 1998, 186-199.

Ripley, B. D., 1993. Statistical Aspects of Neural Networks. In Barndorff-Nielsen O. E., Lensen J. L., Kendall W. S.: Networks and Chaos-Statistical and Probabilistic Aspects. Chapman and Hall, 40-123.

Ripley, B. D., 1996. Pattern Recognition and Neural Networks. Cambridge University Press.

Rojas, R., 1996. Theorie der neuronalen Netze, Eine systematische Einführung. Springer-Verlag Berlin Heidelberg New York, 4., korrigierter Nachdruck.

Rosenblatt, M., 1956. Remarks on some nonparametric estimates of a density function. Annals of Mathematical Statistics 27, 832-837.

Rumelhart, D. E., Hinton, G. E., Williams, R. J., 1986a. Learning Representations by Back-Propagating Errors. Nature, 323, 533-536.

Rumelhart, D. E., Hinton, G. E., Williams, R. J., 1986b. Learning international representations by error propagation. In D. E. Rumelhart, J. L. Mc Clelland and the PDP Research Group (Eds.), Parallel Distributed Processing: Explorations in the Microstructure of Cognition, Vol. 1: Foundations, pp. 318-362. Cambridge, MA: MIT Press. Reprinted in Anderson and Rosenfeld 1988.

Sachs, L., 1974. Angewandte Statistik. Springer Verlag Berlin Heidelberg New York, 4. Auflage.

Sarle, W. S., 1994. Neural Networks and Statistical Models. Proceedings of the Nineteenth Annual SAS Users Group International Conference, NC, USA, April 1994.

Sarle, W. S., 1994. Neural Network Implementation in SAS Software. Proceedings of the Nineteenth Annual SAS Users Group International Conference, NC, USA, 21th April 1994.

Schwanenberg, S., Helm, R., 1999. Künstliche Neuronale Netze als Analyseinstrument der betriebswirtschaftlichen Forschung. Wirtschaftswissenschaftliches Studium WiSt 7, 356-362.

Schwarz, G., 1978. Estimating The Dimension Of A Model. The Annals of Statistics, Vol. 6, No. 2, 461-464.

Shaaf, M., 1996. A Neural Network and Econometric Comparison of the Relative Importance of Fiscal and Monetary Actions. Studies in Economics and Finance, 17(1), Fall 1996, pages 69-87.

Shaaf, M., Erfani, G. R., 1996. Air Pollution and the Housing Market: A Neural Network Approach. International Advances in Economic Research, 2(4), November 1996, pages 484-95.

Swanson, N. R., White, H., 1995. A Model-Selection Approach to Assessing the Information in the Term Structure Using Linear Models and Artificial Neural Networks. Journal of Business & Economic Statistics, July 1995, Vol. 13, No. 3, 265-275.

Swanson, N. R., White, H., 1997a. A Model Selection Approach To Real-Time Macroeconomic Forecasting Using Linear Models And Artificial Neural Networks. The Review of Economics and Statistics, Nov. 1997, 540-550.

Swanson, N. R., White, H., 1997b. Forecasting economic time series using flexible versus fixed specification and linear versus nonlinear econometric models. International journal of forecasting 13, 439-461.

Tam, K.Y., Kiang, M.Y., 1992. Managerial Applications Of Neural Networks: The Case Of Bank Failure Predictions. Management Science, Vol. 38, No. 7, July 1992.

Tappeiner , U., Tasser, E., Tappeiner, G., 1998. Modelling human and naturally triggered changes in the landscape: first experiences with a GIS based model applied to an Alpine area. Ecological Modelling, 113: 225-237.

Tappeiner, U., Tasser, E., Mayr, V. and Ostendorf, B., 1999: ‚Passeier Valley' composite landscape, Italy. In: Land-Use Changes in European Mountain Ecosystems. ECOMONT – Concept and Results. (ed. by A. Cernusca, U. Tappeiner and N. Bayfield). Blackwell Wiss.-Ver., Berlin, Wien, in press.

Tasser, E., Tappeiner, U., Mulser, J., Tappeiner, G., Mayr, V. and Ostendorf, B., 1998. Kausalanalyse von Vegetationsveränderungen im Gebirge in Abhängigkeit von Landnutzung und Standortfaktoren. Verh. Gesell. Ökol. 28, 107-115.

Tasser E., Prock S., Mulser J., 1999. The impact of land use on vegetation along the Eastern Alpine transect. In: Land-Use Changes in European Mountain Ecosystems. ECOMONT – Concept and Results. (ed. by A. Cernusca, U. Tappeiner and N. Bayfield). Blackwell Wiss.-Ver., Berlin, Wien, in press.

Tasser, E., Mulser, J., Tappeiner, U., 2000. The impact of land-use changes in time and space on vegetation distribution in mountain areas. Submitted to Vegetation science.

Uysal, M., Roubi, M. S., 1999. Artificial neural networks versus multiple regression in tourism demand analysis. Journal of Travel Research 38(2), Nov. 1999, 111-118.

Varetto, F., 1998. Genetic algorithms applications in the analysis of insolvency risk. Journal of Banking and Finance 22, 1421-1439.

De Veaux, R. D., Schumi, J., Schweinsberg, J., Ungar, L. H., 1998. Prediction Intervals for Neural Networks via Nonlinear Regression. Technometrics, Nov. 1998, Vol. 40, No. 4, 273-282.

De Veaux, R. D., Bain, R., Ungar, L. H., 1999. Hybrid Neural Network Models for Environmental Process Control. Environmetrics, 10, 225-236.

Verkooijen, W., 1996. A Neural network Approach to Long-Run Exchange Rate Prediction. Computational Economics 9, 51-65.

Vishwakarma, K. P., 1994. Recognizing Business Cycle Turning Points by Means of a Neural Network. Computational Economics 7, 175-185.

Wagner, G. G., Burkhauser, R. V., Behringer, F., 1993. The English Language Public Use File of the German Socio-Economic Panel. Journal of Human Resources 28, 413-415.

Watanabe, Y., Suzuki, N., Kaiser, H. M., 1999. Predicting Japanese Dairy Consumption Behavior Using Qualitative Survey Data. Agribusiness 15(1), Winter 1999, 71-79.

Werbos, P. J., 1974. Beyond Regression: New Tools for Prediction and Analysis in the Behavioural Sciences. Ph. D. thesis, Harvard University.

West, P. M., Brockett, P. L., Golden, L. L., 1997. A Comparative Analysis of Neural Networks and Statistical Methods for Predicting Consumer Choice. Marketing Science, Vol. 16, No. 4, 370-391.

White H., 1989. Learning in Neural Networks: A Statistical Perspective. Neural Computation, 1, 425-464.

White, H., 1990. Connectionist Nonparametric Regression: Multilayer Feedforward Networks Can Learn Arbitrary Mappings. Neural Networks 3 (1990), 535-549.

White, H., Gallant, A. R., Hornik, K., Stinchcombe, M., Wooldridge, J., 1992. Artificial Neural Networks: Approximation and Learning Theory. Cambridge USA & Oxford UK Blackwell Publishers.

Wilbert, R., 1994. Interpretation Neuronaler Netze in den Sozialwissenschaften. Zeitschrift für Betriebswirtschaft, 65 Jg. (1995), H. 7, 769-783.

Wilson, N., Chong, K. S., Peel, M. J., 1995. Neural Network Simulation and the Prediction of Corporate Outcomes: Some Empirical Findings. International Journal of the Economics of Business, Vol. 2, No. 1, 1995, 31-50.

Witkowska, D., 1999. Applying Artificial Neural Networks to Bank-Decision Simulations. International Advances in Economic Research 5(3), August 1999. 350-368.

Yang, C.C., Prasher, S,O., Mehuys, G.R., 1997. An Artificial Neural Network To Estimate Soil Temperature. Canadian Journal of Soil Science 77, pages 421-429.

Yee, P., Haykin, S., 1999. A dynamic regularized radial basis function network for nonlinear, nonstationary time series prediction. IEEE Transactions on Signal Processing, Vol. 47, No. 9, 2503-2521.

Zhang, G., Hu, M. Y., Patuwo, B. E., Indro, D. C., 1999. Artificial neural networks in bankruptcy prediction: General framework and cross-validation analysis. European Journal of Operational Research 116(1), Jul. 1999, 16-32.

Zimmermann, H. G., Hergert, F., Finnoff, W., 1991. Neuron Pruning and Merging Method for Use in Conjunction with Weight Elimination. Siemens AG, Corporate Research and Development, ZFE IS INF 23.

Zimmermann, H. G., Neuneier, R., 1999. Neural Network Architectures for the Modeling of Dynamic Systems. Version 1.11. Siemens AG, Corporate Technology, D-81730 München, Germany, {Georg.Zimmermann,Ralph.Neuneier}@mchp.siemens.de.

GPSR Compliance

The European Union's (EU) General Product Safety Regulation (GPSR) is a set of rules that requires consumer products to be safe and our obligations to ensure this.

If you have any concerns about our products, you can contact us on ProductSafety@springernature.com

In case Publisher is established outside the EU, the EU authorized representative is:

Springer Nature Customer Service Center GmbH
Europaplatz 3
69115 Heidelberg, Germany

Batch number: 10815964

Printed by Printforce, the Netherlands